KB147027

코젤렉의 개념사 사전 18

동맹

코젤렉의
개념사 사전 18

—

동맹
연맹/연방주의/연방국가
Bund
Bündnis/Föderalismùs/Bundesstaat

라인하르트 코젤렉 지음
라인하르트 코젤렉 · 오토 브루너 · 베르너 콘체 엮음
한림대학교 한림과학원 기획
엄현아 옮김

푸른역사

일러두기

· 이 책은 오토 브루너Otto Brunner · 베르너 콘체Werner Conze · 라인하르트 코젤렉Reinhart
  Koselleck이 엮은 《역사적 기본 개념: 독일 정치 · 사회 언어 역사사전Geschichtliche Grundbegriffe.
  Historisches Lexikon zur politisch-sozialen Sprache in Deutschland》(Stuttgart: Klett-Cotta, 1972~1997) 중 〈동
  맹Bund〉(제1권, 1972, pp.582~671) 항목을 옮긴 것이다. 라인하르트 코젤렉Reinhart Koselleck이
  집필했다.
· 미주는 저자, 각주는 옮긴이의 것이다. 각주로 처리된 옮긴이 주의 경우 주석 앞에 [옮긴이]
  표기를 했다.
· 이 책은 2018년 대한민국 교육부와 한국연구재단의 지원을 받아 간행되었다(NRF-
  2018S1A6A3A01022568).

번역서를 내면서

● ● ●　　　《코젤렉의 개념사 사전》(원제는 《역사적 기본 개념 *Geschichtliche Grundbegriffe*》)은 독일의 역사학자 라인하르트 코젤렉 Reinhart Koselleck(1923~2006)이 오토 브루너Otto Brunner, 베르너 콘 체Werner Conze와 함께 발간한 '독일 정치·사회 언어 역사사전 Historisches Lexikon zur politisch-sozialen Sprache in Deutschland'입니다. 이 책은 총 119개의 기본 개념 집필에 역사학자뿐 아니라 법학자, 경제학자, 철학자, 신학자 등이 대거 참여한 학제 간 연구의 결실입니다. 또한 1972년에 첫 권이 발간된 후 1997년 최종 여덟 권으로 완성되기까지 무려 25년이 걸린 대작입니다. 독일 빌레펠트대학의 교수였던 코젤렉은 이 작업을 기획하고 주도했으며, 공동 편집자인 브루너, 콘체가 세상을 떠난 후 그 뒤를 이어 책의 출판을 완성했습니다.

　　《코젤렉의 개념사 사전》이 가진 의의는 작업 규모나 성과물의 방대함뿐만 아니라 방법론적 혁신성에도 있습니다. 기존의 개념사가 시대 배경과 역사적 맥락을 초월한 순수 관념을 상정하고 그것의 의미를 밝히는 데 치중했다면, 《코젤렉의 개념사 사전》은 정치·사회적 맥락 속에서 전개되는 의미의 변화 양상에 주목합니다. 따라서 코젤렉이 말하는 '개념'은 '정치·사회적인 의미연관들로 꽉 차 있어서, 사용하면서도 계속해서 다의적多義的으로 머무르는 단어'입니다. '기본 개념'은 그 중에서도 특히 정치·사회적인 현실과 운동에 강력한 영향력을 행사한 개념을 가리킵니다.

나아가 《코젤렉의 개념사 사전》은 근대성에 대한 깊은 성찰을 담고 있습니다. 코젤렉은 1750년부터 1850년까지 유럽에서 개념들의 의미에 커다란 변화가 나타나, 근대 세계와 그 이전을 나누는 근본적인 단절이 발생했음에 주목했습니다. 이러한 단절을 그는 '말안장 시대' 또는 '문턱의 시대'로 표현한 바 있습니다. 또한 코젤렉은 근대에 들어오면서 개념은 '경험 공간과 기대 지평'이라는 두 차원을 가진 '운동 개념'이 되었음을 드러냄으로써 근대성에 대한 물음을 성찰하도록 해주었습니다.

《코젤렉의 개념사 사전》은 방대한 기획과 방법론적 혁신성, 근대성에 대한 통찰을 담은 기념비적 저작이라는 면에서 광범위한 차원의 호평과 반향을 불러일으켰습니다. 또한 분과학문의 틀을 뛰어넘는 인문학적 역사 연구의 전망을 제시했다는 점에서 개념사 연구의 표본적 모델로 인정받고 있습니다. 개념사 연구가 비교적 늦은 한국 사회에도 이 책의 존재는 어느 정도 알려져 있습니다.

한림과학원은 2005년 《한국 인문·사회과학 기본 개념의 역사·철학사전》 편찬 사업을 시작하여 2007~2017년 인문한국(HK) '동아시아 기본 개념의 상호소통 사업'을 수행해왔습니다. 2018년부터는 인문한국플러스(HK+) '횡단, 융합, 창신의 동아시아 개념사'로 확장하여 동아시아 개념사 연구의 새로운 지평을 여는 데 기여하고자 합니다. 전근대부터 근대를 거쳐 현대에 이르기까지 동아시아에서 개념이 생성, 전파, 상호 소통하는 양상을 성찰하여, 오늘날 상생의 동아시아 공동체 형성을 위한 소통적 가능성을 발견하는 것이 이 사업의 목표입니다. 《코젤렉의 개념사 사전》의 번역은 우리나라에서 처음 시도하는 작업으로, 유럽의 개념사 연구 성과를 정확하게 이해하는 데 필수적입니다. 그 결과물로 2010년 1차분 〈문명과 문화〉, 〈진보〉, 〈제국주의〉, 〈전쟁〉, 〈평화〉, 2014년 2차분 〈계몽〉, 〈자유주의〉, 〈개혁과 (종교)개혁〉, 〈해방〉, 〈노동과 노동자〉, 2019년 3차분 〈위기〉, 〈혁명〉, 〈근대적/근대성, 근대〉, 〈보수, 보수주의〉, 〈아나키/아나키즘/아나키스트〉를 발간했습니다. 이어 이번에 4차분 〈역사〉, 〈민주주의와 독재〉, 〈동맹〉, 〈법과 정의〉, 〈헌법〉을 내놓습니다. 이를 계기로 개념사 연구에 대한 관심이 더욱 높아지고, 개념사 연구방법론을 개발하는 시도가 왕성해지기를 바랍니다.

2020년 12월
한림대학교 한림과학원 원장 이경구

CONTENTS

코젤렉의
개념사 사전 5
평화
Friede

서문

인류학적으로 볼 때에 동맹이라는 요소는 역사적, 구조적 문제에 있어서 인간의 성 결정 문제만큼이나 피할 수 없는 문제이다. 동맹 형태는 단순히 인간의 존재 형식이고, 오늘날 혼인 동맹(결혼)에서부터, 우호 동맹 또는 남성 동맹을 거쳐 연방국가와 국제연맹에 이르기까지 '동맹'은 인간들 간의 결합에 전도사적인 역할을 해왔다.

CHAPTER |

Einleitung

I. 서문*

●●●   '동맹Bund'이라는 단어가 가지고 있는 의미의 범위는 잠재적으로 협회Gesellschaft라는 단어의 범위만큼이나 광범위하다. 실제로 동맹Bund은 '협회Gesellschaft'라는 표현으로 연상되는 것보다 종교, 풍습, 법 또는 정치 분야에서 더 밀접한 관계일 때에 맺어질 수 있다. 적어도 인류학적으로 볼 때에 동맹이라는 요소는 역사적, 구조적 문제에 있어서 인간의 성 결정 문제만큼이나 피할 수 없는 문제이다. 동맹 형태는 단순히 인간의 존재 형식이고, 오늘날 혼인 동맹(결혼)에서부터, 우호 동맹 또는 남성 동맹을 거쳐 연방국가와 국제연맹에 이르기까지 여러 변형된 형태들이 일상적으로 사용되는 것에서 알 수 있는 것처럼 '동맹'은 인간들 간의 결합에 전도사적인 역할을 해왔다. 어의의 확장 가능성으로 인해 이 표

---

* 많은 도움을 주신 것에 대해 외르그 피쉬Jörg Fisch와 호르스트 귄터Horst Günther 씨 그리고 함께 세미나를 진행했던 학생들에게 감사를 전한다.—저자

현은 협의의 결합뿐만 아니라 하나님과의 유대-기독교 동맹에까지 이르는 광의의 결합에도 사용되었다.[1]

인접한 단어들, 즉 '단체Verein', '연합Verband', '공동체Gemeins chaft', '조합Genossenschaft', 또는 '협회Gesellschaft', '연맹Bündnis' 또는 '조약Vertrag' 등과는 달리 현재 언어에서 '동맹Bund'은 감정적 요소에 강세를 두면서 이들 단어들과는 분명히 구분된다. Bund라는 개념은 인류 체제사體制史의 기본 개념으로서 상황에 따라 정의되지 않으면 공허한 개념이 되어버릴 수 있기 때문에, 동맹의 개념사를 연구하기 위해서는 정확한 범위를 설정하는 데에 유의해야 한다. 따라서 지금부터는 동맹이라는 표현이 사용된 당시의 모든 상황을 관찰하는 것이 아니라, 독일어권역에서 '동맹'이라는 단어로부터 출발해 역사적인 개념으로 부상한 사회적, 정치적 현상들을 분석해볼 것이다.

역사적으로 볼 때 동맹은 1800년경부터는 국가 이전, 국내외, 국가 간, 초국가 그리고 중요한 특수 경우에는 연방국가 차원에서 해석될 수 있다. 프랑스혁명 전후로 결정적인 개념 전환이 이루어졌다는 '말안장 시기Sattelzeit*'를 가정하기 위해서는 이러한 일련의 비국가적 특성들이 지표가 된다. '동맹Bund'은 점점 더 '국가Staat'와의 관계 속에서 이해되었다.

---

* [옮긴이] 말안장 시기는 코젤렉이 근대 초기와 현대 사이의 과도기 또는 전환기를 '말안장처럼 움푹 들어간 산마루 지형(안부鞍部)'에 비유한 데서 유래했다.

신성로마제국das Heilige Römische Reich*이 '국가Staat'와의 관계 속에서 근대적 체제 구조로 탄생하면서 어떤 역사적 단계들을 거쳐 왔는지를 이해하려면 신분 계급들의 동맹이나 연합 형식을 참고해야만 한다. 일정한 측면에서 제국의 역사는 1815년에 결성된 독일연방Deutscher Bund에서 완전하게 부활했다가 그 후 1871년에 동맹이 결성되면서 해체될 때까지 Einungen, Föderationen, Allianzen 같은 여러 형식의 결사체들이 제국을 얼마나 소모시키고 동시에 유지하기도 했는지를 반영해야만 설명할 수 있다. 비스마르크 헌법 전문에서는 다음과 같이 규정했다. "프로이센 국왕 폐하는 (그리고 다른 군주들은) 북독일연방Norddeutscher Bund의 이름으로 동맹 지역을 보호하기 위해 영구 동맹을 체결한다. ……이 동맹은 독일제국 Deutsches Reich이라는 이름을 사용할 것이다."[2] 독일제국이 국가로서 붕괴한 이후에 서부와 동부 지역뿐만 아니라 동서독 지역 간에도 동맹 구조를 형성하라는 요구가 새로이 시급한 문제로 대두되었다. 모든 동맹적 형태에 대한 정치적 시험 문제는 여전히 국가의 주권과 이를 인정받는 것이 그 목표인 것처럼 보인다.

* [옮긴이] 독일 제2제국(1871~1918)

동맹 시대의 'Bund'

동맹들은 처음에는 신분 계급 내부에서 형성되었고 그 후에는 계급 간에도 형성되었다.

이 과정에서 이들 결합은 한편에서는 왕–황제 세력과, 다른 한편에서는 자신만의 영지

를 획득하려는 영주들과의 긴장 속에 놓여있었다.

CHAPTER Ⅱ

'Bund' im Zeitalter der Einungen
II. 동맹 시대의 'Bund'

1. 어휘사語彙史 및 용어사用語史 관련 설명

●●● 　　　인도게르만어의 −bhend(묶다, 라틴어의 fascis, fides, foedus aus *−fad, *−fid, *−fod)에서 유래한 'Bund'와 그 유사 형식들은 중고지中高地 독일어Mittelhochdeutsch*의 법률 언어에 비로소 등장한다. 최초로 확인되는 것은 13세기 후반이다.[3] 이보다 더 예전부터 훨씬 빈번하게 사용된 표현은 'Einung'[4](고고古高 독일어로는 einunga)으로, 더 전문적인 표현인 'Bund'는 이 단어보다 훨씬 드물게 사용되었다.

'Bund'는 여러 뜻을 표현하는 단어로 연합Einung, 통합Einigung, 서약Gelübde, 타협Verständnis, 평화조약Frieden, 친교Freundschaft, 형

---

* [옮긴이] 중세 고지 독일어(11세기 중반부터 14세기 중반).

제동맹Bruderschaft, 협회Gesellschaft, 조합Genossenschaft, 특수서약
결사speziell Eidgenossenschaft뿐만 아니라 중세 후기의 유사한 법률
언어 표현과도 그 의미가 겹친다. 라틴어에서도 foedus, foederatio,
confoederatio; unio, liga, amicitia, fraternitas, conjuratio,
conspiratio; communitas, societas, concordia, harmonia, Universitas
등 다양한 유의어가 있는 것에서 추측할 수 있는 것처럼, 용어상으
로 이들 표현들과 특정한 법적 상황을 분명히 연결시키기는 쉽지
않다. 특정 표현을 통해서 구체적인 법적 상황을 확실하게 묘사하
기는 쉽지만, 사용된 표현을 갖고서 그것을 일반화하는 일은 쉽지
않다.

"국제"조약을 체결할 때에는 오랫동안 봉토법封土法Lehensrecht 형
식이 사용되었다.[5] 12세기와 13세기에 독일 군주들이 제국 구성원
들과 동맹조약을 맺을 때에도 특권 부여, 봉신 의무 또는 담보 형식
을 취한 것이 자주 확인된다.[6] 사실상 이들은 지배 계약, 전쟁 동
맹, 상호 보장, 인정 또는 군사 동맹을 위장한 것이었다. 동시에 정
치적으로 동등한 상대방 간의 양자 합의에는 "협정compositio, 약정
Conventio, 협약 및 평화 협정pactum et concordia" 등과 같은 표현이
등장한다. 하지만 1158년 밀라노의 항복deditio을 "fedus" 또는
"pactum"으로 표현했던 것에서 알 수 있는 것처럼 이들 언어 표현
도 분명하지는 않다. 중세 라틴어의 법률 언어가 법제화되어 있기
는 했지만 단어의 의미와 특정 상황을 명확하게 연결 짓는 형식적
인 기준은 없었던 것으로 보인다. 예컨대 중세 초기에 "형제애

fraternitas"는 "우호 관계amicitia"의 고양된 형태였고, 두 표현 모두 (계약으로 맺은) "동맹confoederatio"[7]보다는 더욱 긴밀한 결속을 의미했지만 이런 표현들에서 상이한 법적 결과를 유추해낼 수 있었던 것 같지는 않다. 카를 4세와 그 동맹자들이 1354년에 베로나와조약을 체결하면서 동시에 "동맹liga", "연합unio", "형제애 및 (계약으로 맺은) 동맹fraternitas et confoederatio" 등으로 부른 데에서 알 수 있듯이 말이다.[8] 원칙적으로 중세 후기의 법적 형태를 평가할 때 "외적 형태와 실제적 내용 사이에는 엄격한 구별이 있어야 한다"는 가정에서 출발하면 될 것 같다.[9] 위장 형식[10]이 자주 사용되었기 때문에 구체적인 상황 분석을 통해 법적 표현들을 원래의 개념으로 번역하는 일이 반드시 필요하다.

2. 'Bund' 표현이 사용된 역사적 초기 상황

에벨Ebel[11]에 따르면 중세 후기의 동맹은 법역사적으로 볼 때 합의나 자의적인 법에 근거하여 법을 창조했던 시대적 성격을 갖는다. 관습법이나 일방적인 명령들은 자의적으로 제정되는 법 속에 흡수되었을 것이다. 사회사적으로 볼 때 봉토법Lehensrecht이나 영방법 Landrecht과는 반대로 이와 같이 동맹이 자의적으로 법을 제정한 도시의 비율은, 특히 동등한 시민의 공동서약conjuratio 성격을 지닌 도시일 경우에, 매우 높은 것으로 추산된다. 기르케Gierke의 설명에 따르면[12] 체제사적으로 정치적 동맹이 결성된 정점은 13세기부터 15세기였다.

동맹들은 처음에는 신분 계급 내부에서 형성되었고 그 후에는 계급 간에도 형성되었다. 이 과정에서 이들 결합은 한편에서는 왕-황제 세력과, 다른 한편에서는 자신만의 영지를 획득하려는 영주들과의 긴장 속에 놓여있었다.[13] 상급 단체의 이름으로 황제나 영방군주에 대항하여 연합이 결성될 수도 있었지만, 황제나 제후들도 자신의 정치적 목적을 달성하기 위해 신분 내부 또는 신분 간의 연합에 가입하기도 했다. 이때 모든 연합과 동맹들은 자신이 추구하는 정치적, 경제적 의도가 무엇이건 간에 하나의 사명, 즉 (대부분 정해진 시간과 공간 내에서) 평화와 법을 수호하겠다는 사명을 내세웠다.[14] 이렇게 대부분의 동맹들과 협회들은 영방 전체의 평화를 구축하고 그 후에는 제국의 관구管區Kreis를 정리하는 제국 개혁 운동에 동원되었다.[15] 연합들은 황제의 영방평화조약Landfrieden*과 경쟁하거나 저항하기도 했지만 황제를 위해 동원되기도 했다. 이렇게 중세 후기 제국의 정치는 서로 간의 동맹 관계가 그때그때마다 바뀌면서 행위 능력을 증명하는 행위 단위들에 의해 수행되었다.

동맹 조직들이 점점 확대되고 동맹들 간에도 추가로 동맹이 체결될수록 갈등에 더욱 취약해지고 조직의 질서는 더욱 약화되었다. 스위스의 주를 형성했던 '서약결사Eidgenossenschaft'와 그 한참 후에

---

* [옮긴이] 중세법에서 특정 지역의 군주가 자신의 법적 요구를 관철하기 위해 폭력을 사용하지 않을 것임을 조약으로 약속한 것.

네덜란드의 신분 계급으로 형성되었던 'Union'만이 동맹 구조를 국가에 준하는 단계로 올려놓을 수 있었다. 그 외에는 제국 영토 내에서 어떤 연합도 지역적으로 통일된 단체로 결합하는 데에 성공하지 못했다. 하나의 연합에 구성원 수가 많아질수록 원심력은 커졌고, 결국 제국의 응집력은 새로운 국면에 접어들게 된다. 여러 신분들의 동맹 능력이 상승하면서 영주들은 동맹권을 가지게 된다. 동맹의 강도는 각기 다르지만 여러 동맹들 간에 서로 교차된 형식으로 동맹이 체결되면서 넓은 지역을 지배하는 제후국이 탄생한다.

3. 황제의 군주권 아래 신분별로 차별화된 동맹의 자유

신분 내에서 그리고 신분 간 동맹의 세력이 성장했다는 사실은 황제가 발령한 동맹 금지 목록을 보면 알 수 있다. 금지 빈도가 증가했다는 사실이 연합체들의 관철 능력이 그만큼 커졌다는 것을 말해주지만, 사실 이는 법적으로 황제와 제국을 이들 연합체에서 제외시켰을 때에만 증명될 수 있는 것이었다.[16] 그 결과 황제의 지위는 동맹을 사실상 용인하거나 법적, 정치적으로 승인하는 정도에서 제국의 수장 자격으로 혹은 영주의 자격으로 신분 간의 결합에 직접 참여하는 데까지 오락가락했다. 실제로 동맹자foederati들은 신분 계급별로 차별된 허가를 받았다. 즉 제국법으로 허용된 요양療養협회Kurverein를 제외하고는 제후 연합, 기사단 및 도시동맹들에게는 임시 승인만 교부되었는데, 물론 그후 이런 형식의 동맹을 장려하는 정도로 성장하는 경우도 있었다. 반면 프리스란트Friesland 지역과 디트마르쉔Dithmarschen 지역[17]을 제외하고는 농민들의 연합은 원칙적으로 금지되고 방해를 받았다.

신분 연합들이 영방평화조약에 동원되는 일은 점점 더 잦아졌는데, 실제로 그 뒤에는 황제와 신분 간에 합의된 정치적 동맹이 숨겨져 있었다. 영방의 평화가 얼마나 신분 간의 연합에 좌우되었는지는 1158년 론칼리아 제국회의Reichstag von Roncaglia에서 프리드리히 1세가 항구 평화를 지시한 것에서 잘 드러난다.[18] 황제는 다음과 같이 명령한다. "황제에 예속되는 우리 모두는 진실되고 항구한 평화를 서로 간에 준수하고, 모든 이들 사이에서 조약이 깨지지 않고 영구히 준수되길 바란다ut omnes nostro subiecti imperio veram et perpetuam pacem inter se observent, et ut inviolatum inter omnes fedus perpetuo servetur." 동시에 롬바르디아* 도시들의 "동맹liga" 및 "조합societas" 결성을 막기 위해 제6조에서는 일반 평화 요청을 도시 내부와 도시 간의 연합에 대한 특별 금지와 결부시켜 도시 내외부, 도시 간, 개인 간 및 도시와 개인들 간의 "회합conventicula"과 "모의coniurationes"가 금지되었다.

1226년에 특별히 상류층 신분들에게 라인강 도시들의 "동맹confederationes" 혹은 "서약iuramenta"이 금지되었는데,[19] 이는 1231

---

* [옮긴이] 북이탈리아 지역.

년에는 "공동체, 조직, 결합 및 모의라고 하는 것은 대개 동맹이라 부른다communiones, constitutiones, colligationes seu coniurationes aliquas [auch confederationes], quibuscumque nominibus appellentur"라며 확대되었다.[20] 잘 알려진 '금인칙서金印勅書Goldene Bulle'(1356)*의 제15조 "공모에 대하여de conspiratoribus"에서는 금지목록을 개정하면서 "공모, 회합 및 동맹conspirationes conventicula seu colligationes"이 관습적으로 악용되고 있다고 지적하고 있다. 물론 제후, 도시 및 기타 일반 영방평화를 수호하기 위해 맺은 "동맹confederationes et ligae"**은 금지에서 제외되었다.[21] 벤첼Wenzel왕은 이를 위하여 1383년에 가능한 한 많은 제국 신분들과 연합을 맺음으로써 (1389년에 에거 Eger에서 큰 성공을 이룬 것처럼) 제국 전체에 평화를 이루고자 했는데, 이 평화란 다른 모든 연합을 배제시키는 평화였다(제19조). "또한 우리는 현재 이 연합에 소속되어 있거나 미래에 여기에 가입되는 그 어떤 제후, 태수, 영주, 기사, 농노 또는 도시라도 이 동맹에 가입되어 있는 동안에 우리가 알거나, 의도하거나, 말하지 않은 상태에서는 어떤 다른 공동 연합이나 동맹에 가입하지 않기를 바란다."[22] 지기스문트Sigismund왕은 1231년과 1356년에 라틴어로 작성된 증서의 내용을 확인한 후에 자신에게 군주권이 있음을 강조하면서, 1431년에 독일어로 금지 사항을 수정했다. "이를 위해 그것

---

* [옮긴이] 1356년 이래 신성로마제국의 '기본법' 중 가장 중요한 황제의 법전으로 증서 형식으로 작성되었다.
** [옮긴이] 두 개의 비슷한 단어를 써서 강조하는 라틴어의 서법. 대단히 공고한 동맹을 뜻함.

이 누구라도 제국이 알지 못하는, 제국의 호의나 허가 및 의도가 없는 동맹이나 연합을 만들거나 가입해서는 안 되며", 만일 그러하다면 처벌이 따를 것임을 명시하고 있다.[23]

신분 간의 연합이 체제사적으로 정점을 찍은 사건은 제국 전체에 동맹이 무기한 확대된 1495년의 '평화와 법의 집행Handhabung Friedens und Rechts'이라고 볼 수 있는데, 이를 통해 막시밀리안Maximilian왕과 제국 의원들은 서로를 "용인하고, 통합하고, 의무 이행을 약속했다." 제7조에서 왕과 대공, 선제후, 제후 및 각 신분들은 매년 소집되는 제국의회의 동의 없이는 어떠한 전쟁도 시작하지 않고, "제국에게 손해나 불이익을 끼치거나 저항하고자 하는 외부 민족이나 세력과 연맹 또는 연합을 맺지 않기"로 서로 약속하였다.[24] 그 외 내부적인 연합권에 대한 언급은 없었고, 다만 외부 세력과의 조약 체결만 군주권 아래에 놓이게 되었다. 하지만 군주권은 (순수하게 합법적으로는) 황제에게서 제국의회로 넘어갔다.

1519년에 카를 5세는 선출 공약Wahlkapitulation*에서 왕의 동맹권을 축소하고 선제후들의 결정에 맡기겠다고 하였다. 즉 왕은 선제후들의 동의가 없이는 "다른 민족과 또는 제국 내에서 그 어떤 동맹이나 연합을 결성하지 않겠다"고 약속한 것이다. 이러한 동맹의 자유가 도시와 기사의 자유를 얼마나 희생하여 선제후나 제후에게 유리한 형태로 재단되었는지는 제6조의 금지조항per negationem

---

* [옮긴이] 후보자들은 이 선출 공약을 통해 선출위원회에게 자신이 선출될 경우 행할 조치를 약속했다.

을 통해 드러난다. "우리는 선제후, 제후 및 기타 타인에 대한 폭동, 봉기 또는 무례한 폭력을 계획하고 기도하려는 귀족 및 일반 시민들의 모든 점잖지 못하고 추한 동맹, 공모 혹은 결합을 파기하고 폐지해야 마땅하며 그렇게 할 것이고" 장래에도 이를 금지한다.[25]

다시 말해 동맹의 자유는, 순수하게 합법적으로 볼 때, (영주로서의 성격이 아닌) 황제와 하층 신분을 희생하여 높은 신분들에게만 적용되는 것이었다.

이와 같은 금지나 유보 조건에 가려져서 동맹의 실제 권력 관계는 모호한 정도로만 표현되었다. 황제가 공언한 내용은 지켜지지 않는 경우가 다반사였는데, 동맹들에게 용인이 강제된 경우도 있었고, 영방평화동맹 형식으로 합법화된 경우도 있었다. 이에 빌헬름왕Wilhelm von Holland은 라인 도시동맹인 "신성한 평화조약으로 동맹을 맺은 도시들civitates sancte pacis federe coniurate"[26]에 가입하여 정치적 최고 지위를 차지하고, 이 동맹을 제국법에 준하는 왕의 영방평화조약으로 격상시켰다.[27] 이러한 경향은 언어 표현에서도 확인된다. 높은 신분들이 맺은 '연합Einung'과 '연맹Bündnis'은 영방의 평화를 위해서는 반드시 필요했지만, 이들이 신분들의 독립적인 조직이라는 징후가 드러나는 즉시 왕들은 이들 표현, 특히 'Bund'라는 표현을 사용하지 않는 것 또한 원칙이었다. 왕과 신분 간의 합의에서는 이들 서로가 이미 자체적인 결합 관계에 있을 때에도 거의 반드시 제후, 영주 그리고 도시 명칭을 일일이 열거했다. 사실 시급한 상황으로 인해 황제가 동맹들을 인정하지 않을 수 없는 경우도 많았다. 바이에른의 루드비히 4세는 교황 요한 22세와의 분쟁이 있었을 때 직접 — 칙령 형식으로 — 22개 슈바벤Schwaben 도시들 및 아우크스부르크Augsburg 주교와 동맹을 맺어 남독일의 평화를 수호하고자 했으며, 자신의 사후에 후임자 선출을 확보하기 위해 이를 황제 사후 2년간 적용토록 했다. 황제와 신분들 간에 체결된 이 조약에 사용된 용어는 buntnust 또는 bungnust(1331)였다.[28] 전반적으로 연맹Bündnis을 '해체'하여 지역 간의 계약이나 제국 평화조약을 맺고, 이를 통해 '영방평화조약Landfrieden'으로 전환시키는 경향이 지배적이었다. 예컨대 1350년경에 카를 4세는 "독일 스와비아 도시들 간의 공모coniuratio civitatum suevicae"를 해체시키고 영방평화조약을 용인하게 했다.[29] 카를 4세는 자신의 임기 말인 1378년에 프랑켄과 바이에른에 통상적인 이중 형식인 "영방평화와 동맹lantfrid und puentnuezz"으로 영방평화조약을 선포했다.[30] 지기스문트Sigismund왕은 개별 선제후들에게 자신의 이름으로 "우리와 우리 제국의 영광과 이익을 위해 제후들, ……도시 및 마을들과 평화, 영방평화, 연합 및 연맹을 맺거나, 이미 맺어진 동맹 관계를 인수하거나 철회할 수 있는 권리"(1418년 그리고 1422년)를 위임했다.[31] 그는 같은 해 처음으로 하층 신분, 즉 제국 기사단의 동맹 설립을 명시적으로 합법화하는 정책을 — 금인칙서에 반하여 — 추진했다. "제국 기사단이 스스로 가장 이상적이라고 생각하는 대로 서로 동맹을 맺는 것을 허락하여 그들이 동등하고 합법적으로 머무르게 하는 바, 다만 우리 도시들 그리고 제국의 도시들과 결속하고자 할 때에는 동맹에 받아들이지만 우리와 그 후손들에게 해가 될 수 있을 때에는 배제시켜야 한다."[32] 결국 후스전쟁 Hussitenkriege*의 압력 하에 군사력 투입과 관련하여 1431년 뉘른베르크 제국의회에서 'Bund'라는 용어가 사용된다. 보덴제동맹 Bodenseebund="ein pund", 스위스의 "동맹자eitgenossen" 그리고 울름Ulm 남부의 슈바벤 도시동맹= "ein bund"이 이들 집합 명칭 하에 등장한다.[33]

프리드리히 3세가 영방 전체의 평화를 수호하기 위해 기사단과 슈바벤 지역 도시들에게 신분 간 동맹을 맺으라는 칙령을 내리자 여러 제후들도 동맹에 가입했는데, 이는 정치적으로 비텔스바흐 Wittelsbach와 스위스에 대항하기 위한 제휴였다.[34] 1488년 황제의 칙령은 "슈바벤 상트 외르겐쉴트 협회 및 연합gesellschafft und verainigung Sanct Jörgen schilts in Schwaben**" 그리고 공동으로 "연합 verainung, verpuntniß"을 결성한 슈바벤 지역 도시들(도시명을 일일이 열거)이 그 대상이었다.[35] 이 마지막 슈바벤동맹은 합스부르크 왕가의 정치적 도구가 되었고, 자신도 직접 동맹에 가입했던 막시밀리안왕은 1500년에 체제를 개편하면서 심지어 "왕의 동맹küniglicher Bundt"이라는 이름을 사용할 수 있었다.[36] 여기서 'Bund'는 신분 간

---

* [옮긴이] 보헤미아의 종교개혁가 얀 후스를 추종한 후스파와 그들에게 로마 가톨릭 교회의 권위를 강제하려 한 여러 군주들 사이에 벌어진 전쟁으로 1419년부터 1434년경까지 지속되었다.

**[옮긴이] 한시적으로 체결된 귀족들과 고위 성직자들의 결합으로 주로 구 슈바벤 공작령 지역에 주로 형성되었다.

의 이익 균형, 상대적인 평화 유지 그리고 다양한 강도로 황제의 세력 범위를 지킬 수 있었던 최대의 조직 형태를 의미하는 것으로, 이를 통일적으로 통제하는 일은 제국이라는 전체 속에서는 불가능했었다. 내부적으로 농민과의 갈등이 잠시 잦아들었지만 거기에 종파적 분쟁이 더해지자 슈바벤동맹은 붕괴되었다.

4. '연합Einung' '연맹Bündnis' '동맹Bund'의 정치적 의미론에 대하여

명령이나 금지를 내용으로 하는 황제의 칙령에 사용된 표현을 살펴보면 단순한 조약 체결에서 확실한 조직 형태에 이르기까지 여러 표현들이 사용된다. 전쟁 연맹, 초신분적인 영방평화연합 또는 도시들 간의 동맹들은 같은 용어로 표현될 수 있었다. 따라서 1495년까지는 내부적으로 또는 외부 세력과 정치적으로 결합하는 것에 대해 법적으로 정의할 수 있는 반대 개념이 없었다. 동맹자들은 동맹의 고유한 평등 정신을 이용해 이 구속에서 벗어나려고 했지만 오히려 동맹에 따른 합의 사항들은 봉토법적인 종속 관계와 얽혀 있었다.

'Bündnis', 'Vereinung', 또는 'Einung'과 같은 표현들이 제국법에서 어떤 뜻으로 사용되었는지는 금지 목록과 관련된 부정적 칭호에서 잘 알 수 있다. 표현 자체는 해당 표현이 사용된 권력 상황, 이해관계 및 법적 상황에 따라 상반된 뜻으로 동시에 사용되었다.

그래서 중세 후기의 법률 용어는 시기 또는 신분별로 구별해서 의미론적 중점에 따라 해석되어야 한다.

a — 통시적 이론

'Bund'는 일단 'Bündnis'의 반대 개념이 아니라 'Bündnissen'이 축약된 개념이다. 'Bund'는 동맹을 맺는 구두상의 법률 행위를 수행한 후 이것이 하나의 제도가 된 상태에서 이차적으로 형성되는 단어이다. 여기서 이미 라틴어에서도 관찰되었던 과정이 진행된다. 이들 단어들은 번역 과정을 거치거나 혹은 라틴어에서 독일어로 재번역되는 과정을 거치면서 독일어를 계속 발전시키기도 하는데, 이 과정을 알기 위해서는 보다 더 정확한 조사가 필요하다.

1246년에 뮌스터Münster, 오스나브뤼크Osnabrück, 그리고 그 주변 도시들이 상호보호조약을 체결한다. 이들 합의에서는 "모든 동맹자들이omnes confoederati" 처음부터 "동맹과 연합 형식으로forma confederationis ac unionis" 맹세할 수 있었다.[37] 1254년 라인 도시동맹 초기에도 마찬가지로 마인츠Mainz와 보름스Worms 간의 협상에서 "화합과 통일의 조약fedus concordiae et unitatis"이라는 표현이 사용되었다.[38] 정치·경제적 이익 보호도 "신성한 평화조약sancte pacis fedus"[39]을 지키기 위한 서약에 포함되었다. 이로써 제후와 영주들이 추가로 가입했을 뿐만 아니라, 제도적인 내용면에서도 전쟁과 국지적 분쟁을 통제 하에 방어하는 것 이상의 의도를 가진 평화동맹이 탄생했다. 이 동맹에는 종종 'confoederatio'라는 용어가 사용된다. 여기서 특징적인 사실은 독일 초기 문서 중 하나(1255년 보름스에서 시민동맹자들이 빌헬름왕에게 행한 서약)에서 fedus 혹은 confoederatio 와 같은 표현으로 서약된 개별 조항의 전체를 가리키는 "영원한 우리 동맹들unsere ewige Verbüntnisse"이라는 복수 표현만 나타난다는 사실이다.[40] 아마도 이때까지는 집합적인 표현이 없었던 것으로 보인다.

　단순한 합의를 넘어선 동맹을 표현하는 용어들은 해당 제도의 표준형으로 사용될 수 있기에는 전반적으로 충분히 추상화 능력을 갖추지 못하고 있었다. 명사화된 일반 형식도 그것이 개별적인 상황에 맞게 수행되어야 비로소 생명력을 갖는다. 일반 형식 자체는 아직 적용될 수 있는 개념이 아니고, 서약된 형식으로 법률 행위가 행해질 때에 비로소 간접적으로 수행되는 것이다. 이와 같은 경과 형식은 라틴어에서도 발견되는데, 1255년에 함부르크가 뤼벡과 맺은 보호동맹을 3년 연장한 일을 기록한 것에서 확인된다. 처음에는 "우리는 화합하고 있으며 해체가 불가능한 유대로 동맹이 맺어졌다concordavimus et vinculo indissolubili sic confederati sumus"라고 규정을 서술 형식으로 표현했다가, 마지막에는 "앞서 말한 평화 협정과 동맹predicta concordia et confederacio"이라고 요약했다.[41] 독일어 표현에서도 매우 유사하게 처음에는 "우리는 서로 연합하고, 동맹하며, 개입시키고, 통합하며, 이행을 약속하고, 지시하고, 화합한다"와 같이 서약 과정과 법률 행위를 묘사하는 서술적 화법으로 시작하며, 대부분 양자 형식이지만 때때로 삼자 형식을 취하기도 하고 과거와 현재 형식이 동시에 등장하는 경우도 종종 있다. 서약한 개별 항목들 전체를 표현할 때 비로소 'Verbündnis' 또는 그 복수인 'Verbündnisse'로 정리했다. 14세기까지도 개별 규정은 전부 'Verbündnis'라고 불렀고, 또는 'punkt'는 'punt'로 축약해서 표현되었다.

전체적으로 'Bund'라는 용어는 (아예 등장하지 않거나 등장한다고 해도) 이미 동맹을 체결한 이후에 소급적으로 그리고 부차적으로만 등장한다. 예컨대 1291년에 체결된 3개 산림 지역의 최초 영구 동맹("안정과 평화 협정pactum quietis et pacis")은 라틴어로 "구舊 동맹"에 따라 "뜻을 함께 하는 사람들conspirati, 공동 서약자coniurati 또는 같은 지역 사람들conprovinciali"이 서약하는 식으로 체결되었다. 반면 1315년에 이를 독일어로 갱신하면서는 순전히 서술 형식으로 동맹을 체결한다. 조약Pakt에 해당하는 독일어의 어떤 일반 개념도 사용하지 않고서, "평화와 안정 그리고 이익과 존중을 위해 서로 결속할 것"을 "동맹자들eitgenozen" 개인적으로 약속한다. 1351년에 취리히가 4개 산림 지역에 영구 가입했을 때에는 "영원한 결속과 우호ewigen buntnuss und fruntschaft"라는 전문 용어가 등장하고, 개인적으로 서약한 이 결합을 "협회gesellschaft"라고 칭하고 있다. 이제 이렇게 방금 체결된 buntnuss*는 미래에 체결될지도 모르는 모

---

* [옮긴이] =Bündnis

든 bunden*에 앞서 법적 효력을 갖고, 마찬가지로 그 이전에 맺어진 "동맹과 서약bunt und gelupt**"은 계약에서 제외되었다. 'Bündnis'는 주로 현재 수행되는 과정을 의미하고, 'Bund'는 (결합 행위가 종결된) 상태 개념에 가깝다. 이는 1352년 6월 4일에 영구 동맹을 맺으면서 "이 결합buntnuss이 우리의 구舊 동맹alte bunde에 해가 되지 않을 것을 모두에게 보장하고"라고 한 데에서 더욱 분명해진다.[42] 1338년 렌제Rhense의 선제후도 똑같이 서술적인 서약 표현을 통해 합의한 후 합의 내용 전체를 "verbuntnusse, buntnusse" 등 복수로 표현했다. 그 얼마 후 루드비히왕에게 이 내용을 과거의 일로 보고하면서는 단수로 "buntnuss(Bündnis) 또는 verainung(Vereinung)"으로 표현했다.[43] 물론 발견된 모든 경우에 다 들어맞는 것은 아니지만 'Verbündnissen'에서 시작해 'Bündnis'을 거쳐 'Bund'로 표현이 변화한 것이 개념사적 추이라고 말할 수 있을 듯싶다. 개별적인 합의들이 점차적으로 제도화되어가면서 'Bund'는 'Verbündnisse'의 집합단수가 된다.

이렇게 동맹이라는 행위에 이미 경험이 많은 슈바벤 지역 도시들은 1376년에 "우호와 서약friuntschafft und gelubde"이라는 이름으로 결속한다. 개별 규정들에는 "buntnuzze"라는 명칭이 선호되었다. 1377년에 이 관계를 확대할 때에는 'Bund'라는 용어가 거의 전체 조직에 사용되었다.[44] 개인적인 서약이나 법적 명칭이 제도적인 표

* [옮긴이] =Bund
** [옮긴이] =Bund und Gelübde

현에 밀려나고 만 것이다. 그래서 증서상으로는 도시동맹을 말할 때 '우리 동맹'과 같은 표현뿐만 아니라 "우리 동맹의 도시들……" 이라는 표현도 등장했다. 즉 '동맹Bund'은 초개인적이고 초도시적인 성격을 획득했고, 그래서 당시 황제가 이 표현을 사용하기를 꺼려했던 것이다.

제도적 의미가 증가하면서 아울러 이 단어에는 영토적 의미 또한 증가했다. 이는 아펜첼Appenzell 지역의 "호수동맹bunt ob dem See"과 관련된 기록의 자세한 언어 표현에서 잘 드러난다. 1401년에 장크트 갈렌St. Gallen 지역과 동맹을 맺으면서 "동맹증서"에 "서약자들의 결합buntnust, vereinung der aidgenossen"이라고만 하다가 점점 "동맹Bund"이라는 표현이 자주 등장하고, 결국 1407년의 중재 조약에서는 "도시, 영방 및 동맹stet, lender und bund"이라고 나란히 쓸 수 있게 된 것이다.[45]

비슷한 과정은 북동부 지역에서도 전개되었다. 역사에도 이 이름으로 기록된 프로이센동맹Preußischer Bund 역시 명칭이 'Einung'에서 'Bund'로 변화한 것으로 증명된다. 1440년에 도시들과 기사단 간에 체결된 동맹조약에 사용된 용어는 처음에는 "우호적이고 항구적이며 견고한 단합 및 공존eyne frundliche stete feste vereynunge und czusamtneblibunge"이었고, 반면에 이들에 적대적인 상대방(튜턴 기사단Deutscher Orden) 측에서는 즉각 이를 부정적 의미로 "Bund"라고 불렀다. 이를 두고 쾰른 대주교는 "동맹을 맺거나 편가르기dy verbünde und dy parteylikeiten"를 중단하라고 경고했다. 3년 후에 프로이센 도시와 기사동맹은 스스로를 긍정적으로 'bund'라 칭하고 이후에는 이 용어를 고수했다. 이 사실이 동맹이 이미 얼마나 제도 화되었음을 의미하는지는 1446년에 몇몇 도시들이 동맹에서 떨어져 나갈 때 "우리는 당신들이 동맹과 동맹의 연합, 영방 및 도시에서 탈퇴하는 것"[46]을 바라지 않는다고 한 표현에서 잘 드러난다. 1454년에는 라틴어로 "결합, 공모, 반란colligatio, conspiratio und rebellio"에 해당하는 "동맹bundt"을 상대로 파문과 추방이 이어졌는데, 동맹 상대방 측에서는 이에 대해 "서약fedus, 합일unio, 동맹liga"과 같은 긍정적인 표현을 사용하였다.[47] 상대방이 '동맹Bund'이라는 개념을 경멸투로 사용했던 만큼이나, 여기서 '동맹'은 경칭으로 사용되었다. 당연히 '동맹'이라는 용어의 가치는 그 관계를 바라보는 정치적 관점에 좌우되지 않을 수가 없다. 하지만 제도적인 성격을 강하게 지니고 있는 'Bund'는 유연한 일반개념인 'Einung'보다는 동맹 당사자들의 판단에 더욱 좌우되었다.

'Bund'라는 표현에 얼마만큼의 제도적인 성격이 추가되어 개별적인 동맹 행위를 구체적으로 수행하는 표현과 구별되는지는 1489년에 체결된 마지막 슈바벤동맹에 사용된 용어에서 확인할 수 있다. 제후들이 개별적으로 동맹에 가입하여 제후들 간에는 동맹 파트너가 성립되지 않는 상태가 되자, 제후가 "동맹에 가입한 것이 아니라, 제후 각자가 동맹 내에서 연합 상태에 있다"라는 표현을 쓰고 있다.[48]

신분 간에 체결되는 결합의 상위 개념은 'Einung' 또는 'Bündnis'

인 반면 'Bund'는 도시들 간의 조직에 더 많이 사용되었다. 더 많은 다른 신분이 가입할수록 'Vereinigung'나 'Einung'이라는 표현에 머물렀다. 'Bund'가 도시들 간의 제도에 특별히 사용되는 경향을 띠었다면, 'Einung', 'Vereinigung', 'Bündnis', 'Verbündnis'는 법적·정치적 내용을 담은 개인 중심의 신분 간, 또는 신분 내의 행위 개념에 머물렀다. 'Bund'라는 개념이 제도를 가리키게 된 만큼 이는 동시에 구체적인 역사적 개념이 되었고, 1370년에 스위스의 동맹들이 스스로를 단순히 "서약 공동체Eidgnosschaft"라고 생각한 것처럼,[49] 구체적으로 "슈바벤 영방 내에 있는 동맹Pundt im Land zu Schwaben"을 의미했다.[50] 이때까지도 여전히 지속적인 제도와 구체적인 행위들을 구별해서 생각할 수 있을 만큼 현재와 분리하여 이해할 수 있는 표현은 아니었다. 지역과 결부된 것도 제도적인 내용이 용어상으로 아직 체계화되지 못하고서 정치적 실제와 결부되어 있는 정도였다는 것을 증명한다.

b — 신분상의 강조점 형성

집합단수 명사인 'Bund'는 통시적으로 관찰할 때 제도화되거나 지역화되는 등의 의미가 추가된 것 외에도 신분에 중점을 두고 사용된다.

'연합Einung'이라는 표현은 신분 간의 수많은 계약 형식에 보편적으로 사용될 수 있을 만큼 충분히 확장이 가능했다. 'Einung'은 신분 내부의 모든 결합을 지칭할 때에 사용되었지만 'Bund',

'Gesellschaft' 또는 'Verbündnis'보다는 덜 특수한 경우에 사용되었다. 모든 Bund는 Einung이었지만, 모든 Einung이 Bund는 아니었다. 이렇게 볼 때 'Bund'와 'Einung'이 같은 뜻일 수도 있지만, 'Einung'은 'Bund'보다는 광범위한 상위 개념으로 볼 수 있다. 법적 의미에서는 'Einung'은 평화pax와 관련될 수 있었고, 비록 황제의 명령에 따른 것이지만 대부분 Einung에 서약하는 형식으로 탄생하는 영방평화조약Landfrieden에 사용될 수 있었다. 정치적으로는 군사상 또는 외교적 형식의 모든 조약 유형에 사용될 수 있었다. 경제적 이익을 공동으로 보호하기 위해서도 'Einung'이 체결될 수 있었다. 따라서 'Einung'은 실제적인 행위에서 탄생한 체제 개념으로, 정해진 기한 동안 또는 무기한으로 평화 유지, "대외 정치" 또는 "내부 정치"를 위한 결합을 규율하는 다양한 법률 행위를 이들 간의 차이를 말로 표현하지 않고도 표시할 수 있을 만큼 유연했다. 특히 중세 후기에는 이러한 법적 상황을 가리키는 용어를 특정 상황과 분명히 연결시키는 것이 불가능했었다. 그것이 영방평화조약인지, 전쟁동맹인지 또는 이해관계의 결합이었는지를 그 명칭만으로는 유추할 수 없었다.

"영방평화조약Landfrieden"은 제한된 지역 전체에 적용되어야 했기 때문에 반드시 여러 신분들 간에 체결되는 것은 사정상 당연한 것이었다. 따라서 비록 신분 내부의 결합을 '영방평화조약'이라고 부르는 경우도 있었지만 '영방평화조약'은 계속해서 초신분적인 개념에 머물렀다. 평화 유지를 위해 설립된 결합체들(Einung 또는

Verbündniss)은 정치적 의도가 대부분이었고 따라서 정치 노선 간의 마찰이 심했다. 하지만 아직 법과 정치는 다양한 개념으로 정착될 수 있을 만큼 분리되어 있지 않았다.[51] 예컨대 합스부르크 왕가에 대항하기 위해 결성된 서약동맹Eidgenossenschaft은 동시에 평화 질서를 담당했고, 마찬가지로 라인과 슈바벤 도시동맹들도 상업정책적 이익을 추구하는 동시에 영방 평화를 위한 활동이라고 볼 수 있는 전쟁 행위도 계획했던 것이다. 이렇게 해서 "평화조약, 영방평화조약, 연합, 연맹friede, lantfriede, eynung, verbuntniss"이라는 4중 형식이 등장할 수 있었을 뿐만 아니라(1422), 반대로 1414년에는 도시들 측에서 "(제후들의) 영방평화조약landfrid과 연합ainunge이 함께 공존하는 것을 원치 않는다"라고 공언할 수 있었다.[52]

이제부터는 선제후나 제후들 사이에서 Einungen과 Bündnisse을 결성하면서 'Bund'라는 표현은 사용하지 않게 된다. Bund는 전체적으로 도시들 간의 결합에만 사용되었기 때문인데, 1384년에 체결된 하이델베르크 연합Heidelberger Stallung은 "라인강변에서 동맹한 도시들과 슈바벤에서 서로 동맹한 도시들"이 한편에서, 그리고 제후, 영주, 기사, 농노들의 "연합eynunge"이 다른 한편에서 체결되었다.[53] 1387년에는 "도시동맹과 영주연합 간의" 조약Vertrag der stet punt und der herren ainung이 갱신되었다는 기록도 남아있다.[54]

특수한 법적 형식에 대해 하나의 표현만 고정되어 사용되지는 않는다는 사실은 도시 내에서 'Einung'이라는 용어가 변천된 과정을 살펴보면 잘 알 수 있는데, 여기서 Einung은 동업자 조합Zunft이나 길드Gilde와 같은 직능 조합의 의미로 축소되어간다. 최초의 증거는 1219년에 확인되는데, "조합은······ 동업자 조합 혹은 길드를 말한다societas que······ dicitur eninge vel gelde."[55]라고 기록되어있다.

유럽 내 강력한 권력으로까지 성장한 중요한 시민들의 결합 가운데 하나가 한자동맹이었다. 14세기 이래 이 명칭은 이와 같은 고유한 결합에 일반적으로 사용되었다.[56] 고트어에 이미 등장해 전체 유럽에 퍼진 '한제Hanse'라는 이 고고古高 독일어Althochdeutsch* 단어는 'Einung'처럼 수많은 뜻을 갖고 있다.[57] 예컨대 'Hanse'는 무리, 조합(14세기에는 길드와 동업자 조합)이라는 뜻 외에도 아주 상반되는 의미인 '조세(부담금)'와 '상법'과 같은 뜻도 갖고 있었는데, 중세에 자주 그런 것처럼, 하나의 단어가 개인적, 법적 그리고 행위적 특징을 모두 포괄하고 있었다.

12세기 후반부에 "신성로마제국의 모든 고틀란트 상인들이 universi mercatores Imperii Romani Gotlandiam frequentantes" 결합하여 이후에 'Hanse'라고 이름 붙여진 이 동맹은 스웨덴의 고틀란트섬에서 하나의 제도로 출발했다. '한자Hansa'라는 용어는 1266년에 영국 왕 하인리히 3세가 처음으로 런던에 있는 독일인 상인조합에 사용했다.[58]

대大상인들이 외국에서는 연합을 결성한 반면에 자국의 도시에서는 아무런 단체를 결성하지 않고 남부 독일에서처럼 도처에서 지

---

* [옮긴이] 750~1050년의 고지高地 독일어.

역적으로 동맹confederationes만을 결성했다. 14세기 중반이 되어서야 한자 도시들은 외국 지사에 대한 감독을 직접 맡았고, 따라서 1356년 뤼벡 한자회의Hansetag 이후부터는 한자를 도시연합이라고도 부를 수 있었다.

상인조합과 도시 간의 결합이라는 이중적 성격은 1358년에 브레멘시와 맺은 재계약 증서에서 잘 드러난다.[59] 이 증서는 존경하는 영주님들과 집정관들을 상대로 작성되었는데, "해양 도시나 그 밖의 다른 도시들, 그뿐 아니라 튜튼족* 신성로마제국 한자의 일반 상인들과 마찬가지로 우리 자신을 위해 입회를 허가했다……civitatum maritimarum et eciam aliarum civitatum, necnon comunibus mercatoribus de hansa Theutonicorum sacri Romani imperii pro eo, quod nos ad graciam receperunt……." 국외의 상인조합에서 자국의 도시로 옮겨간 이 조직은 매우 느슨하게 관리되었고, 우선적으로 경제적 이익을 보호하면서 최소한의 제도로 버티려고 했다. 설립 증서도 없었고, 공동 재정이나 함대艦隊도 없었다. 이런 취지에서 한자는 1469년 스스로를 협의의 'Bund'라고 정의하지 않고 "confederacio"[60]라고 정의하여 국외에서 집단적인 책임을 회피하고자 했다. "법률적으로 조합이라고 말하는 것은 한꺼번에 많은 수가 모여야 하는데, 멀리 떨어진 도시들과 결합한 튜튼족의 한자Ansa Tkeutonica는 조합이 아니다…… 공동체도 아닌데Non est eciam collegium, quia collegium

* [옮긴이] 순수 독일 사람.

in jure dicitur eo, quod plures simul colligantur sed Ansa Tkeutonica ex civitatibus multum distantibus aggregata est······ Non est eciam Universitas." 왜냐하면 양쪽의 법에 따르면 공동체에는 공동 소유, 공동 재산, 공동 직인 및 공동 법률고문이 있어야 하기 때문이다. 한자에는 이런 것들이 없다는 것이다. 오히려 한자는 "여러 (서로 등지고 있는) 도시들 간의 상호 동맹과 상호 합의를 위해per mutuum consensum mutuamque confederacionen diversarum civitatum" 결성되고 조직된다. 동맹의 목적은 육지와 바다에서 상인을 보호하는 것이라고 했다. "한자를 지배하는 것은 대상인이 아니고, 모든 도시에는 자체 영주가 있다. 한자 의회에는 지시를 받은 사신使臣oratores들이 파견되었기 때문에 이들은 협의회consilium도 아니다. 회의를 소집하는 기구도 없다."

이와 같은 자기 해석은 외교적 겸손의 표현이지만, 권력을 유연하게 사용하기 위한 조건이라고 할 수 있는 제도의 느슨함을 표현하는 것이기도 하다. 한자동맹이 실제로 전쟁에 나서려면 별도로 전쟁동맹을 체결해야 했는데, 이는 이들 회원 도시들을 대충 합친다고 해결되는 문제가 아니었다. 가장 유명한 동맹은 1367년에 덴마크를 상대로 전쟁을 준비하고 결의한 "쾰른동맹Kölner confoederatio"으로 "liga" 또는 "verbund"라고도 불렸다.[61] 15세기에 남부 독일에서처럼 구속력 있는 합의에 의한 (소위 "토호페자테Tohopesate"라고 불린) 군사·정치적 결합을 통해서 도시의 경제적 이익 공동체를 더 확고하게 제도화하려는 시도는 더 이상 성공하지 못했다.[62] 즉 한자라는 단어가 다른 모든 의미를 몰아내고 주로 "독일 한자동맹 도시들 stete van der dudeschen hense"의 결합만을 의미하게 된 것은 그것이 유일한 정치·사회적 상황과 부합했기 때문이다. 한자는 라인 또는 슈바벤 도시동맹처럼 확고한 동맹도 아니었고, 이들의 결합은 다양한 의미를 가진 'Bündnisse'라는 유연한 표현과 일치하는 것도 아니었다. 역사적으로 유일한 현상이었기 때문에 유일한 이름을 얻게 된 것이다.

신분에 중점을 둔 다른 또 다른 표현은 '협회Gesellschaft'에서 확인된다. 이 용어는 종종 도시동맹에도 사용되었지만, 제후가 아닌 귀족들의 한시적인 단체, 주로 기사 귀족의 연합에 가장 많이 사용되었다.[63] 14세기 말경 점차적으로 특수한 명칭과 문장紋章을 내세운 협회Gesellschaft들이 다수 형성되었는데, 라인, 프랑켄, 슈바벤 협회들이 그것이다.[64] 이들의 목표는 도시와 제후들 간에 법적, 정치적 독립을 수호하고, 국지적 분쟁 가능성을 배제하여 내부 갈등을 방지하고, 합법적인 국지적 분쟁을 공동으로 해결하는 것이었다. 도시동맹처럼 이들도 중재 기구를 발전시켜서 회원들은 사전에 협회 규정에 따라 이들 기구에 종속될 것을 약속했고, 따라서 이들 협회는 협회장, 심의회, 위원회, 총회 등 일련의 제도를 갖추었다.

이들 협회의 증서에는 처음에는 통상적으로 '연맹Bündnis', '연합Einung' 또는 '결사Vereinung' 또는 '우호 동맹Freundschaft', '서약Gelübde' 등의 명칭이 기재되었다. 그러나 협회의 활동을 수행하는 과정에서 그 명칭은 "협회Gesellschaft 또는 Gesellschaft"[65]였다. 이 표현은 처음에는 'Einung'과 중복적으로 사용되었지만 — 단체로서 도시에게 의무를 부여하는 것과는 반대로 — '동료Gesellen'라는 개인을 맹세에 개입시킨 것을 가장 분명하게 표현하기 때문에 자주 사용된 것으로 보인다. 'Gesellschaft'는 동등한 귀족 개인들의 한시적 결합 조직이라는 의미가 강했고, 'Bund'는 도시, 때로는 영방의 마을(아펜첼 호수동맹Appenzeller Bund ob dem See처럼)이 단체로서 가입되는 동맹 조직의 의미가 강했다.

여러 협회가 결합한 초지역적인 상급 단체에 대해서는 "공동 협회gemeine Gesellschaft"라는 표현이 종종 사용되기도 했다.[66] 기사단은 기사단 협회와 인정받은 동맹 능력을 이용해 제국 직속 신분으로 성장할 수 있었지만, 그 후 16세기에는 제국의회에 참여권도 얻지 못했다. 그 이후 '기사협회(기사단)Rittergesellschaft'라는 표현은, 특히 사교 목적의 무도武道협회Turniergesellschaft는, 정치색을 배제한 사회 영역에서만 사용되었다.[67]

마지막으로 특수한 신분에 중점적으로 사용된 동맹 표현으로 '농민화Bundschuh'가 있다. 이는 끈으로 묶는 농부의 신발에서 유래한 것으로 13세기 중반 이래 사용된 것으로 알려져 있지만 14세기부터는 널리 사용되는 표현으로 속담에도 등장한다. 이 표현이 동맹을 가리키는 것으로 처음 사용된 것은 1403년의 콜마르시Kolmar 연대기에서 라인 도시동맹을 "대大농민화große buntschuoch"라고 표현한 것에서 확인된다.[68] 즉 남서부 독일 지역에는 이미 그전부터 이 이름을 가진 농민동맹이 있었던 것이다. 통치자들의 충분한 보호를 받지 못하던 남서부 독일 농민들은 1439년 이래 아르마냐크파 Armagnaken의 침입에 저항하기 위해 농민화를 상징으로 삼아서 모였다. 이 동맹은 곧 지배층까지도 겨냥하게 되었고, 이로써 그 이후 농민화의 상징으로 남게 된 사회혁명적인 성격을 획득했다. 콘스탄츠시Konstanz의 연대기를 보면 농민들이 "영주들 모르게 동맹을 결성하였는데, 대략 4천 명이 농민화를 신고서 몰래 라인펠트Rinfelden까지 갔다"라고 쓰여 있다.[69] 이 표현이 도적, 기사 또는 농노단체 등 비밀결사를 가리킬 수도 있겠지만,[70] '농민화를 세우다Bundschuh aufrichten'라는 표현은 세기 전환기에 남서 독일에서 증가한 농민들의 결탁의 상징이었다.

농민들은 제국 직속 신분이 아니어서 보통 동맹의 자유가 없었고, 따라서 비밀리에 동맹을 결성해야 했다. "또한 단체에 가입되는 자는 자신에게 공개된 사실을 외부에 발설하지 않을 것을 사전에 맹세해야 했고, 동맹에 가입되든 그렇지 않든 어떤 일이 있어도 이를 발설해서는 안 되었다."[71] "연합Buntnis", "회합Versamblung", "협회 Gesellschaft", "동맹Pund", "공동협회Gemeinverenigong" 같은 일반적인 표현이나 서사문학 또는 해당 지배 계급이 작성한 문서에 나오는 동맹에 대한 표현은 당연히 부정적으로 묘사된다. 예컨대 "불온한 unerbaren, 악질 협회bösen Gesellschaft"라는 표현이 나온다. 라틴어로는 "시골동맹liga rusticana", "공모conspiratio", "결합colligatio" 그리고 "음모coniuratio" 등의 표현이 나오는데 이는 모두 이미 부정적으로 통용되는 표현들이다.[72] 막시밀리안왕의 하이델베르크 제국의회 고

별사(1502)에는 운터그롬바흐Untergrombach 지역 농민화의 음모를 "집회, 음모 및 집단 합의samlung, conspiracion und verstentnis eins zusamenthuns"라고 말하면서도 개별적인 처벌 규정은 전부 — 음모에 대한 집합적 명칭인 — "동맹punt(Bund)"에 대해서만 규정하고 있다.[73]

이렇게 'Bund'라는 표현은 독일어화된 단어인 "공모conspiratz"[74]의 뜻에 근접했고, 농민화(묶는 신발)는 개혁적인 의미와 함께 1500년경 신분적 성격을 지닌 동맹의 의미를 불법적인 영역으로 옮겨놓았다.[75]

5. 제도적 특징

'연합Einung'이라는 단어에는 정확히 어떤 표현에 해당한다고 말하기 어려운 제도적인 특징들이 덧붙여지기 시작했다. 그럼에도 가장 제도화가 엄격하게 관찰되는 것은 도시들의 '동맹Bund'이나 기사들의 '협회(기사단)Gesellschaft' 주변이라고 말할 수 있는데, 물론 열거된 많은 특징들이 영방평화동맹Landfriedenseinung이나 그 이후의 관구법령Kreisordnung의 성격을 갖고 있는 것이 사실이다.[76] 예컨대 법과 평화 수호를 위해 의무적으로 중재법원이 설치되었고, 동맹자들은 사전에 이 절차에 따를 것을 서약했다.[77] 이때 대부분 상속법Erbrecht이나 봉토법Lehensrecht을 제외하고 가능한 한 많은 법적 사항들이 동맹법원에 맡겨졌다. 두 번째로 동맹들은 대부분 다수결로 결정하는 공동 의결기구를 설치했는데, 이는 특히 개인 간의 합의를 강제하는 절차 형식이었다. 의결기구는, 특히 신분 간의 결합일 때에는, 동등하게 구성되었다. 세력이 강한 도시나 특정 제후의 실제로 우세한 지위는 종종 투표권 배분에 반영되었다. 셋째로 법 집행상의 절차 형식이 발전되었다. 내부에 동요가 있을 때에는 서로 보호하고 조력하기로 미리 합의하는 경우도 적지 않았다.[78] 신분 간의 동맹에서는 동맹의 수장도 동등하게 임명되었는데, 이들의 선출 방식도 미리 규정되었다. 전쟁 또는 국지적 분쟁 시에 공권력을 투입하거나 서로의 도움이 필요할 때에는 보통은 사전에 합의를 할 수도 있고, 특정 목적으로 체결된 동맹일 경우에는 임시로 합의되기도 했다. 넷째로 이렇다 할 수준은 아니었지만 동맹과 협회에는 특정 과세 제도가 발전했다. 또한 이들 동맹과 협회들은 거의 대부분 1년, 2년, 3년, 7년, 10년 또는 그 이상의 기간 동안 한시적으로 체결되었으며, 거기에다 대부분 아직 해결되지 않은 사건 또는 전쟁을 종결시킨다는 조항이 포함되었다. 몇몇 예외를 제외하고는 "영구적"이지 않았으며, 주어진 상황에 따른다는 것이 이들 동맹에 정해진 원칙의 하나였는데, 이는 지속적인 제도화를 막기 위한 정치적 신중함이었다. 여기에는 다음 세대에게 다시 서약하게 하겠다는 당연한 관점도 반영된 것이다. 마지막으로 대부분의 동맹들에는 예외 규정이 있었는데, 이는 기존의 법적 의무, 특히 봉토 수입과 관련된 의무를 유지하기 위한 것이었다. 동맹들이 통치자인 황제에 정치적으로 저항하고 싶어 했던 만큼 황제와 제국은 거의 대부분 형식적으로 제외시켰다.

제도가 잘 작동할 수 있었던 것은 그 밖에도 동맹이 개별 협회, 지구, 구역(2, 3, 4분구), 파벌, 부대, 지역, 조약, 권역, 관구 등 지역을 경계짓는 명칭으로 세분화되었기 때문이었는데,[79] 이들 명칭은 'Bund'의 경계를 의미하는 것에 그치지 않고 그 내용까지 의미할 수 있었다. 특히 "관구Crayss"는 동맹적인 요소를 제국법으로 합법화된 단계로 격상시켜 준 체제적 기구가 되었다. 'Bund' 또는 'Gesellschaft'라는 표현은 앞서 언급한 제도화된 요소들에도 불구하고 조합societas 또는 협동체Universitas를 뜻하는 엄격한 단체의 의미는 획득하지 못했다.[80] Bund와 Gesellschaft가 넓은 법 영역을 통제하고, 특히 국지적 분쟁을 범죄화하여 평화를 가져다주었지만, 이들을 통한 정치가 제국법원과는 무관하게 독자적으로 수행되었던 만큼 스스로는 제국법원Reichsgericht과 궁정법원Hofgericht에서는 법적 능력이 없었다.

동맹을 가리키는 모든 표현은 비록 해당 규범을 빠짐없이 묘사하지는 못하지만 공통적으로 규제된 형태의 공공 생활임을 시사한다. 개별 신분의 이익이나 법적 영역 그리고 정치적 의도와 관련된 사항들을 규제하는 것에 그쳤지만 동맹자들은 정해진 기간 동안만이라도 해당 영역을 제도적으로 보장받을 수 있었다.

모든 동맹들이 내세우는 정당성은 보호와 방패막, 조언과 지원, 특히 법과 평화였다. 그 이후의 시기에는 여기에 신앙의 보호가 추

가되었는데, 종파 간의 분쟁으로 인해 동맹 조직들과 해당 용어에
는 추가적으로 폭발적인 의미가 부여되었다.

종교개혁과 프랑스혁명 사이의 'Bund(동맹)'와 'Bündnis(연맹)'

독일어에서 'Bund'라는 단어에는 강한 신학적 의미가 부가된다. 다만 루터의 영향을 받아 하나님이 자신의 백성과 맺는 동맹은 의식적으로 속세의 영역에서 분리된다. 또한 신학적 의도로 맺어진 결사체들의 정치 사회혁명적 내용은 급진적 저항 운동이 진압 되면서 차별을 받는다.

'Bund' und 'Bündnis' zwischen Reformation und Revolution

III. 종교개혁과 프랑스혁명 사이의 'Bund(동맹)'와 'Bündnis(연맹)'

● ● ●　　　　독일제국에서 종교개혁의 결과, 그리고 종교개혁
의 정신이자 여기서 발생한 사회적, 정치적 운동의 결과로 'Bund'
의 개념사는 여러 차례 단절되고 변화한다.

1) 독일어에서 'Bund'라는 단어에는 강한 신학적 의미가 부가된
다. 다만 루터의 영향을 받아 하나님이 자신의 백성과 맺는 동맹은
의식적으로 속세의 영역에서 분리된다. 또한 신학적 의도로 맺어
진 결사체들의 정치 사회혁명적 내용은 급진적 저항 운동이 진압되
면서 차별을 받는다. 이리하여 동맹의 정치적–신학적 이중적 의미
는 17세기 영국에서는 '서약Covenant' 이론으로 발전했고, 더 나아
가 미국에서는 독립운동과 국제연맹Ligue of Nations으로 이어졌지
만, 독일에서는 그 의미를 크게 상실했다. 칼뱅주의 지역에서만 연
방이론Föderaltheorie이 발전했고, 18세기에 사회정치적 전환이 일어
난 후에야 비로소 독일인의 사회의식에 영향을 미쳤다.

2) 지금까지 제국 신분들에게 적용되어오던 동맹법에 신앙 보호라는 새로운 정당성이 부여되어 종교전쟁으로 이어졌고, 그 영향으로 동맹이 가진 신학적 의미도 함께 퇴색했다. Bund 자리를 Bündnis, Allianz가 대신한다. 30년전쟁의 결과로 영방들은 비록 제국 체제와 분명히 결속되지는 못했지만 동맹 권한이 합법화되었다.

3) 따라서 제국 구성원들의 동맹 권한과 관련하여 제국의 상황에 대한 이론적인 성찰이 증가하였다. "제국론Reichsstaatslehre에서는 연합도시국가체제systema foederatarum civitatum"란 무엇인지에 대해 논하고 있다.

4) 이런 움직임과 병행하여 제도적 특징들이 걸러지는 과정이 진행된다. 18세기 말경이 되어서야 동맹 개념은 국법과 국제법 그리고 사회 영역에서 다시 새로운 가치를 얻는다.

1. 신학에 의해 확장되고 사회개혁의 의미가 부가된 동맹 개념

a ― 루터의 성서 번역

성서를 대중의 언어로 번역함으로써 동맹Bund이라는 개념의 중요성이 커졌고, 이로 인해 동맹의 정치·사회적 영향력이 자극을 받은 동시에 저하되었다. 성서 곳곳에는 유대인들 간의 동맹뿐만 아니라 (신학적으로) 하나님이 자신의 민족인 이스라엘과 맺는 동맹에 대한 설명이 나온다. 여기에 사용되는 'berit'라는 단어는 여러 의미를 갖는데, 애초에 통치 계약과 관련해서는 성스러운 법적 계약을 뜻했다. 신학적 의미에서는 하나님에 의해 'berit'가 일방적으로 탄생되고, (비록 그 민족이 동맹을 위반했지만) 지켜진다(신명기申命記 Deuteronomion 7, 9; 느헤미야서Nehemia 9, 32).[81] 칠십인역 성경 Septuasinta에서는 'berit'를 "계약Syntheke"으로 번역하지 않고 "Diatheke"로 번역했는데, 즉 유언에 따른 지시라는 사법私法적인 의미를 신이 선사한 일방적인 지시를 의미하는 'nomos'와 유사하게 신학적으로 재해석했다. 끝으로 불가타성서*에서는 'berit'와 'Diatheke'에 대해서 어떤 의미에 중점을 두느냐에 따라 다르지만 주로 '서약foedus' 또는 '협정pactum'으로 번역했는데, 이로 인해 나중에 로마법적 연상 작용이 일어났던 것으로 보인다.

이때부터 독일어에서는 루터가 위에 언급된 모든 표현들을 구약에서는 전부 "Bund"로 번역한 반면 신약에서는 'Diatheke'를 글자 그대로 "유언Testament"으로 번역했고, 따라서 신이 일방적으로 제공한 신약(자비동맹)은 양측 간의 협정pactum이나 서약foedus으로 파악되지 않고 이 표현(유언)으로 파악되었다는 사실이 결정적인 역할을 하게 되었다. 그렇게 해서 "Testament"에 대한 신학적 해석이 'Bund'의 구약적인 의미에까지 역으로 영향을 미쳤다. 왜냐하면 구 동맹이 어디까지 신 동맹을 암시하고 있느냐, (또는 결국은 동일

* [옮긴이] 라틴어역 성서.

한 것이냐) 또는 신약(자비동맹)이 구약(법률동맹)을 어디까지 추월했느냐 라는 질문은 'Bund'의 개념사에서 본질적인 문제였기 때문이다. 루터는 사도 바울Paulus을 따라 'berit'와 'Diatheke'를 "동맹Bund"과 "유언Testament"으로 구별해서 번역함으로써 단어의 영역을 분명히 차별화했다. 심지어 신약에서 구약을 인용하는 부분에서도 "Bund"(예레미야 31, 31) 또는 "Testament"(히브리서 8, 8~12)라는 구분된 표현을 고수했다.[82] 즉 비록 루터가 두 표현을 절대적인 대조라고 해석하지는 않았겠지만 하나님이 율법에 충성할 것을 명하는 bund에서 자비의 bund(Gnadenbund)로 넘어가는 과정에서 두 가지 표현이 되었다. 이렇게 루터는 구舊 동맹의 자비적 요소를 강조할 수 있었을 뿐만 아니라, '두 유언 (신약, 구약)' 간의 상반성도 강조할 수 있었다. 따라서 루터는 구약의 연속선상에서 갈라디아서를 해석했다. "하나님이 유언자이다. 그것은 그분께서 친히 약속하시고 유언으로 남기신 것이다. 그 신의 상속자들로서 유언자가 되려는 사람은 아브라함과 그 후손이다. 창세기 21장과 27장의 계약이 그 약속이다. 유언한 사항은 그 자체로 유산이며, 그것은 은총과 믿음의 정의이다. 즉 아브라함 후손들에 대한 축복이다Deus est testator: ipse enim promittit et legat. Abraham et semen eius sunt, quibus fit testatio ut haeredibus dei testator is. Testamentum est ipsa promissio, Gen. XXI et XVIJ. Res testata est ipsa haereditas, id est gratia et iusticia fidei, scilicet benedictio gentium in semine Abrahae."[83]

동시에 그는 모세의 율법을 "신의 자비가 아닌 인간의 업적 위에 탄생한 오랜 유언(구약)” 이라고 부를 수 있었고, 이 유언은 옛 것이 되고, “우리의 행위가 아니라 하나님의 말씀과 업적에 근거하여 영원히 유지되고 옛 것이 되지 않는 다른 유언이 반드시 올 것”이라고 했다.[84] 여기서 신학적으로 이정표가 되는 사실은 ‘유언’을 통한 하나님의 일방적인 지시가 동맹Bund의 개념까지도 결정했다는, 그것도 협정pactum이나 서약foedus을 초월하는 방식으로 결정했다는 사실이다. 하나님과의 계약에 인간이 참여한다는 생각은 그 이후 로마-법적 계약설과 자연법을 거치면서, 그리고 칼뱅주의 지역에서 다시 구약을 인용하며 신학에 기반한 사회 이론을 뒷받침했는데,[85] 바로 이 인간의 참여가 루터의 추종자들에 의해 잘려나간 것이다. 하나님만이 동맹을 보내주시며, 인간은 어떠한 동맹도 체결할 수 없었다.[86]

또한 루터식의 ‘Bund’와 ‘Testament’의 구별은 이레네우스Thomas Irenäus가 처음 품었다가[87] 언약 신약Föderaltheologie에서 확대된 사고,[88] 즉 구약에서 신약에 이르기까지 연속적으로 동맹을 맺음으로써 하나님이 이 땅 위에서 교육적으로 무언가를 행하려 했다는 사고를 유추할 수 없도록 만들었다. 즉 유언은 최후의 날까지 유효하기 때문에 루터에 의해 ‘Bund’라는 표현은 소위 신학적으로 더 전개될 수 있는 미래의 가능성을 박탈당했다는 것이다. 유언은 어떤 새로운 동맹에 의해서도 추월될 수 없고, 재세례파Wiedertäufer나 농민동맹이 바랐던 것처럼 다른 동맹의 도움으로도 이 땅에서 실현될 수 없었다. 루터는 특히 “형제동맹bruderschafften”이 복음을 모든 사람에게 전파하지 않고 "스스로가 좀 특별하다고 생각"했기 때문에 이들을 "폭도", "이단" 그리고 사교로 보았다.[89] 그래서 뮌처Müntzer를 심문하면서 작센 지역에서는 어디서나 하나님의 말씀을 전하는 일이 용인되고 있는 반면 정작 성서에서 자신의 동맹을 이끌어내지 못하고 있다고 질책할 수 있었다.[90]

루터가 특히 정신적인 동기에 근거한 모든 세속적 성격의 동맹에 강하게 저항해야 한다는 자신의 신학적인 의구심을 강화시키고 이들을 몽상가로 분류하게 된 것은 무엇보다 농민화 단체부터 재세례파에 이르기까지 기독교 결사체를 통해 얻은 경험 때문이었다.

b — 사회혁명적 동맹 개념의 신학적 각인

제2차 종교개혁의 물결을 통해 신분적 법 개념인 연합Einung과 동맹Bund은 두 방향으로 확대되었다. 우선 이들 개념은 모두에게 공히 적용된다는 보편적 의무를 요구하는 일종의 기독교적 사회계약임을 시사했는데, 이로부터 새로운 체제를 건설할 수도 있다는 사고를 담고 있었다. 다른 한편 이들 개념은 구약과 신약의 동맹을 뛰어넘었는데, 신과의 동맹은 현재에도 체결될 수 있는 것이고, 따라서 이 개념에는 종말론적인 기대의 의미가 추가되었다. 즉 동맹 개념에는 공간적으로 그리고 시간적으로 현실성이 증가되었다.

동맹 개념이 얼마나 사회 비판적으로 작용할 수 있는지는 에벌린 본 귄츠부르크Eberlin von Günzburg가 1521년에 작성한 서약동맹 Schwurgenossenschaft 팸플릿에 등장한 "15명의 동맹자들fünfzehn

Bundtgenossen"이 잘 보여준다. 이들은 제국 체제와 교회 체제의 폐해를 함께 폭로하자고 서로 맹세했다. 이들의 "연합Verbündtnüsz"은, 추가적으로 성사聖事와 함께 서약하는 형식을 취하는 스위스의 서약동맹Eidgenossenschaft처럼, 속세적인 동시에 종교적인 의도로 결성되었다. 비록 에벌린이 나중에는 중재적인 태도를 보였지만 개혁적인 내용은 다수 농민 지도자들의 요구에 매우 근접했다. 교회 계급의 파괴, 민중 교회의 창설, 전투적인 방식의 보편적 평화 요구, 모든 상류층의 시민에 대한 책임, 모든 의결 기구를 귀족·시민·농민으로 동등하게 구성, 화폐의 통일, 귀족에게도 노동 의무 부과, 모든 부채의 경감, 고리대금의 폐지 등 이와 같은 "복지"의 이상향은 — 루터Luther와 후텐Hutten을 인용하여 — 동맹 개념으로부터 새로운 제국 체제를 이끌어낼 수 있는 모든 요소를 포함하고 있었다.[91]

농민전쟁 동맹들도 거의 예외 없이 기독교적 형제애에 호소했다. 이로써 종래부터 내려오던 정당성 명분은 새롭게 표현되었고, 농민동맹은 기존 권리의 유지를 넘어서서 농민 신분에 내재하는 개혁 지향성을 보였다. 예전에는 동맹이 기독교적 예식이나 의식을 통해 종교적으로 설립되어 당연히 기독교 명칭을 가짐으로써 불가능했던 일들이 동맹의 기독교적 성격이 논란이 되고부터는 가능해졌다. 그래서 이 명칭은 1442년에 빙엔Bingen의 요양療養협회Kurverein가 후스파 교도Hussiten의 이단 행위와 불신에 저항하기 위해 "우호적이고 기독교적인 연합으로in frundlicher und christelicher einunge"

뭉쳤을 때 처음 등장했다.[92] 이제는 루터파 농민들이 낡은 교회 질서에 저항하기 위해 기독교 명칭을 사용했다. 이들은 거의 전 지역에서 순수한 복음의 전파와 목사 선출을 요구했다. 이런 취지로 "기독교 형제연합christliche bruderliche Ainigung" 또는 "기독교 연합과 연맹christenliche Vereinigung und Püntnüs" 또는 단순히 "형제동맹 Bruderschaft"이 결성되었다. 특히 "형제단Verbruderschaft"은 농민동맹의 추가 표현으로 자주 등장했다.[93] 종교적 의도를 가진 형제단이 "속세적" 동맹 개념을 포함하고 있었던 만큼, 이 개념은 신분 제도까지도 흔들 수 있었다. 동맹들은 강제로 가입을 요구했는데, 이는 종종 영방평화조약Landfrieden을 이유로 내세워[94] 관헌 당국의 선출이나 해산을 유도하기 위함이었다. 이렇게 해서 도처에는 민주주의 경향이 성장했고, "어떻게 지역마다 민족이 하나로 모여 동맹을 형성해야 하는지"에 대한 후프마이어Hubmayer의 학설이 나오기까지 했다.[95] 이와 같은 하층 신분의 강제적 동맹인 형제단은 신분적, 봉건적 계층화에 반대하는 평등 요구를 담고 있었다.

신학적 동기와 사회·정치적 의도의 중간에 위치하고 있었던 농민연합의 또 다른 특징은 제도적 성격을 갖추지 못했다는 점이다. 형제동맹은 전적으로 "복음을 전하기 위해" 체결되었고, 따라서 이들 동맹은 기한이 정해지지 않거나 영구적으로 결성되었다.[96] 제도적 규범은 미미했고, 맹주盟主, 관헌, 군수, 위원회가 선출되기는 했지만 그것이 전부였다. 이는 농민들이 관헌을 원칙적으로 문제 삼지 않으려고 했기 때문이기도 했고,[97] 지속적인 성과가 불가능했기 때문이기도 했다. 따라서 종교적인 의도의 형제동맹은 반란의 시발점이 되기는 했지만 동시에 그것의 실패에도 기여하게 된다.

이제는 재세례파와 토마스 뮌쳐Thomas Müntzer의 종교적 동맹이 속세에서 점점 더 효과를 발휘하기 시작한다. 유아 세례 반대자들은 성인으로서의 자신들을 속세와 분리해주는 "동맹Pundtnus"을 세례의 힘으로 하나님과 체결한다. "이렇게 우리는 죄를 씻고서 하나가 되었다. ……하나님 그리고 그리스도와 하나 되지 않는 모든 것, 바로 그것이 만행이며, 우리는 그것을 피해 도망쳐야 한다."[98] 독실하고 수동적인 순교자 입장이었던 뮌스터Münster의 재세례파에게 최후의 시대를 적극적으로 초래하려는 큰 변화가 일어난 것이다. 세례동맹Bund der Taufe에서 시작해서 이제 실제로 세상을 자기네들의 것으로 변화시키고자 하는 최후 공동체가 되었다.

토마스 뮌쳐도 "변화의 시대가 가혹하게 문앞에 와 있다"고 믿었다.[99] 그래서 진정한 기독교도는 "하나님의 의지인 진실한 동맹 속에서 미리 변화해야 한다"고 말한다.[100] 뮌쳐는 "경외하는 자들만이 구약 그리고 신약이라고 부르는"[101] 신과의 동맹을 새롭게 하고자 했다. 그는 비록 처음에는 그것을 시급한 방어 행위로 보았지만,[102] 성서의 문자 외적인 계시에 대한 확신의 힘으로 알슈테트Allstedt 마을들은 선택된 자들의 동맹으로 변화되었고, 짧은 시간에 수백 명이 가입했다.[103] "동맹자들Bundesgenossen"은 "동맹 대장Bundmeister" 및 "맹주Prinzipal"를 두고서 자체 조직을 발전시켰고, 결국 기존의 지배층을 문제 삼았다. "무신론자들에 대항"하는 이들 동맹[104]은 제후들에게 하나님을 믿지 않는 폭군이라는 사실이 폭로되지 않으려면 동맹에 가입할 것을 요구했다. 마을들은 재산 공동체 형식으로 신과의 신성한 동맹을 이 땅 위에서 실현하겠다고 했는데, "그곳에서는 누구에게든지 자신이 반드시 필요한 만큼 기회가 닿는 대로 분배된다"는 것이다.[105] 노아와 하나님이 맺은 동맹의 상징으로 무지개가 다시 흰색 깃발 위에 그려졌고, 그 아래에서 농민들은 학살당하고 있었다.

대부분의 농민연합들은 경제적인 원인과는 무관하게 종교적인 동기를 갖고 있었지만 정치적인 목표는 다양했다. 반면, 토마스 뮌처는 루터의 두 왕국론Zweireichelehre에 대해 그가 가진 비전이 계시될 것이라는 확신을 가지고 응수했다. 그는 구원을 기대하는 시선으로 모든 사건을 종말론적으로 바라보았다.[106] 따라서 그의 종교적 동맹은 — 재세례파와 유사하게 — 노골적으로 정치적이고 사회적이었다. 종교적 동기를 가진 정치에서 신학적 정치로 전환하는 일은 순조로웠고, 동맹 개념이 급진화될 수 있는 기제가 되었다.

뮌처의 동맹 개념은 종말론적 정당성을 띤 사회혁명적 의미를 획득했고, 신분제에 반대했을 뿐만 아니라 결국 지배 자체에 반대했다. 그 결과 "동맹pundnus"과 "봉기aufrur"는 루터의 관헌Obrigkeit과 동의어가 되었는데,[107] 공교롭게도 이는 기독교인들이 스스로 루터를 비난했던 내용이었다.[108] 이런 사실은 농민들이 진압된 후에 루터파 진영에서 'Bund' 개념이 훨씬 드물게 사용된 것을 보면 더욱 잘 이해가 된다. 신교의 방어동맹에는 다른 표현이 세를 키워갔다.

c —루터와 슈말칼덴 집행부

루터는 슈말칼덴연합Schmalkaldene Einung을 결성하려는 노력에 대해 처음에는 상당히 회의적인 입장이었다(또한 이 연합은 'Bund'라는 칭호를 한 번도 쓴 적이 없다). 1529년에 루터는 선제후들에게 지방 영주들이나 "그자들의 동맹 맺기seine Bundmache"를 멀리하라고 경고했는데, "그로 인해 어떤 나쁜 일이 발생할지 우리가 전부 알 수가 없기 때문"이라고 했다. 분명한 것은 "그와 같은 동맹은 하나님이 보낸 것이 아니며, 하나님에 대한 믿음에서 나온 것도 아니고, 인간의 기지에서 나왔다"는 것이다. 젊은 영주들이 혼자 방어할 수 없어서가 아니라 공격하기 위해 동맹을 맺는다는 것이다. 루터는 개혁파들을 동맹에 가입시키는 것에 대해서는 더 큰 의구심을 갖고 있었다. 복음을 해치는 정당한 동맹은 존재하지 않으며, 그 뒤에는 악마가 있다는 것이다. 이미 구약에서 하나님은 인간의 이러한 동맹을 비난했다. "하지만 만약 우리가 동맹을 맺고 싶어한다면 마태복음 6장에서 약속한 것처럼 우리가 찾고 염려하지 않아도 신이 우리에게 보내줄 것이다."[109]

그 후 루터의 신학적 의구심은 마침내 모든 동맹자들에게 적용되는 공동의 고백 형식을 탄생시켰다.[110]

게다가 슈말칼덴연합은 순수한 방어만을 목적으로 하는 형식으로 구성되었다. 그러나 루터는 신앙 보호를 목적으로 하는 동맹이더라도 실제로는 세속과 연루되지 않을 수 없다는 사실이 너무나 자명하다고 보았다.[111] 그럼에도 불구하고 그는 1530년에 제국법에 대한 자신의 의구심을 내려놓았고, 심지어 폭군은 황제와 동일하지 않다는 이유를 내세워 황제 개인과 폭군을 구별하려 시도하면서 저항할 수 있는 권리도 인정했다.[112] 동시에 루터는 제국법에 따른 엄격한 경계를 신학으로 확대했다. 즉 신이 모든 명령을 내리기 때문에 제국 직할령이 아닌 도시들은 슈말칼덴연합에 가입되어서는 안 되며, 제국 직할 도시만 제후들과 같은 "권력potestates"이고 따라서 동맹 자격이 있다는 것이다. 루터는 여기서 비개입非介入법 Nichtinterventionsrecht을 이끌어내었는데, 모든 국민들이 자신이 원하는 보호자를 찾을 권리가 있다면 규범은 전부 파괴될 것이고, 모든 관헌이 신앙 보호를 이유로 이웃나라 국민에게 손을 내뻗어도 된다면 "모든 지배는 하나의 지배가 되고, 공허한 혼돈에 빠지기 때문"이라고 했다.[113]

결국 슈말칼덴연합이 보호 세력으로 그 능력을 인정받자 루터는 교회를 보호하기 위한 세속의 동맹도 허가하는 분위기에 편승했다. 1545년에 루터가 서명한 법률 감정서에 따르면[114] 신의 "권위를 실추시키지 않고 오히려 고양시키면서 반대 동맹"을 몰락시켰고, 전쟁을 무력화시켰으며, "이단, 편견, 소요"를 억압할 수 있었기 때문에 "이해와 합의Verständnuß und Einigkeit는 이롭다"라고 기술하고 있다. 교회와 통치권을 위해 사람들은 "비용과 노동을 함께 떠맡으며…… 체계적인 도움을 주기 위해 결성된 기독교 보호 동맹은 기독교적이고 신을 섬긴다." 사실 "스위스인들은, 불평등한 동맹 관계에 있는 모든 국민들이 그랬던 것처럼", 자신의 패권을 악용했기 때문에 이들의 가입이 허용될 수 없었다는 것이다. 게다가 덴마크와 북독일 도시들도 스위스의 보호를 거부할 것이기 때문에, 동맹에 갈등이 생길 가능성이 증가한다고 했다. 그 직후 슈말칼덴연합은 정복되었다.

결국 자신의 두 왕국론Zweireichelehre에 따라 모든 동맹에게 종교적인 영역을 인정해주었던 루터의 동맹에 관한 종교적인 견해는 점점 속세와 정치적인 영역도 포함하게 되었다. 동시에 '동맹Bund'은 종파와 결합됨으로써 제국법을 넘어서는 의미를 획득했지만 신분적 통치 규범과 충돌하지는 않았다.

교회가 여러 종파로 나뉨으로써 신분 동맹들은 새로운 정당성 명분을 획득했고, 이는 동맹의 명칭에도 변화를 가져왔다. 농민들의 기독교 형제 동맹이 반신분적인 동맹으로 발전한 반면, 기독교적 정당성을 주장하는 높은 신분들의 동맹은 하나님의 말씀론을 전파하는 것이 "관헌의 임무ambt der oeberkeit"[115]라며 그것의 보장을 목표로 삼았다. 작센의 대공 요한Herzog Johann von Sachsen과 헤센의 태수 필립Landgraf Philipp von Hessen은 최초의 합의와 이해Einigung und Verständtnuß(1526)를 맺으면서 신의 위임을 받았음을 밝히기 위해 자신 또는 자신의 영방 또는 그 백성들을 믿는 것이 아니라 "우리를 연장과 수단으로 사용하여 자신의 의지를 드러내는" 하나님을 믿는다고 강조했다.[116] 그 후에 추가로 "자연과 법Natur und Recht"까지도 근거로 내세워[117] 제국의 법 집행에 대한 저항을 정당화했다. 즉 구교동맹은 지배권에서 분리되어 나온 것으로서 제국법을 넘어 신학적, 자연적 근거가 있는 것으로 이해되었다.

슈말칼덴연합은 앞서 언급한 신학적 이유에서 (기독교측의 표현이나 역사적으로 일반적인 표현과 다르게)[118] 스스로를 'Bund' 또는 'Bündnis'라고 부르지 않았다. 군주들과 도시들은 하나의 "집행부 Vorstand"를 결성했는데(1531), 1529년에 체결된 사전 계약에서는 "기독교 비밀 연합christliche vertreuliche einigung" 또는 "연합einung" 또는 "이해Verstendnus"[119] 등 협상에서도 주로 사용된 표현으로 불렀다. 이 결합을 "기독교 우호 집행부christlicher und freuntlicher Vorstand"[120]라고 열정적으로 부르면서 마침내 "동맹 규칙"에 해당하는 "규약verfassung, 동맹 규약ainigungsverschreibung"(1535)을 탄생시켰고,[121] 반면 1538년에 황제측의 반反동맹은 "기독교 이해와 통합 연맹christliches Bündnuß Verstand und Einigung"이라고 불렸다.[122] 신앙을 보호한다고 했지만 애초에 6년간 한시적으로 체결되었고, "시급한 구조와 저항eilende rettung und Gegenwehr"[123]을 위한 엄격한 방어 동맹으로 이해되었기 때문에 이제 더 이상은 슈말칼덴연합이 스스로를 종교적 동맹으로 생각했다고 볼 수 없다. 다만 육체와 정신의 타락을 막기 위해 하나님의 말씀과 승인된 진실을 전파하는 일만 보장한다고 했다. 그러기 위해서는 세속적인 것에 발을 디디는 일도 피할 수 없었다. 즉 슈말칼덴 사람들은 자신의 종파를 보호하기 위해서뿐만 아니라 "하나님의 말씀, 신교 이론 그리고 거룩한 믿음에서 나오는 것들을 위해서" 합쳤던 것이다.[124]

슈말칼덴 지역 동맹은 종교적인 사항과 그로 인해 논란이 되는 소유권과 관련해서 제국, 궁정법원 그리고 제국의회의 법 질서에 저항했다.[125] 폭발적으로 탄생한 종파들에게 평화와 법은 더 이상 구실이 되지 못했다.[126] 결국 구 동맹의 이런 정당성 명분은 황제의 동맹에서나 유지되었을 뿐 모두 떨어져나갔다. 또한 영방의 평화와 신앙의 보호도 서로 모순 관계였기 때문에 슈바벤동맹에 가입된 슈말칼덴 지역 도시들은 모든 종교적인 내용을 동맹에서 제외시키거나 또는 반대로 자신의 동맹에 정치적인 목표를 주입시키려고 했고,[127] 결국 이로 인해 먼저 슈바벤동맹이 붕괴되었다(1534). 결과적으로 "동맹들Conföderation"은 "외부적인 문제euserliche Sachen"에 있어서만 배제될 뿐 "종교와 양심religion und gewissen"과 관련되어서는 배제되지 않았던 황제와 제국의 기존의 법적 지위에 저항한 것이었다.[128]

동맹의 정당성이 제국법에서 종교적인 것으로 옮겨가면서 동맹의 세력 구도도 달라졌다. 1535년 슈말칼덴동맹 규약을 보면 동맹의 영토적 세력이 증가한 만큼 제도적 보장은 축소되었다. 물론 규약에는 자신들이 저항한 슈바벤동맹의 규칙이 사용되었지만, 제후들은 일반적인 독립 조항을 삽입했다.[129] 사법 제도에는 전혀 발전이 없었고, 재정 문제는 전시戰時에만 적용되었다. 사무국이나 동맹 본부 규정도 없었다. 주로 제국의 기구 내에서 정치적 정보를 교류하고 협력하는 것이 합의의 목표였던 반면, 조직은 전시를 가정하고서 구성되어 있어서 패권 세력인 작센과 헤센의 부대장이 번갈아가며 지휘를 맡는 전시 집행부를 갖추고 있었다. 모든 예방적 전쟁을 금지한 규정 뒤에서 동맹은 유럽적 권력으로 발전했다. 동맹의 비호 하에 국가로서의 성격도 증대하였는데, 법적 심급제도가 생략됨으로써 동시에 영토 주권이 교회로 확대되었기 때문이었다. 이렇게 동맹자들의 종교적 보호 활동이 높은 신분들의 결합력을 강화시켰고, 이는 빠르게 유럽 국가들로 확대되었다.

2. 'Bund'에서 'Bündnis'로

현대적 입장에서 볼 때 신분동맹ständischer Bund에서 영방국가연맹 territorialstaatliche Bündnisse으로 변화하는 추세는 동맹들의 종교적 정당성에 힘입어 강화되었고, 16세기와 17세기에는 완전히 정착되었다. Bund는 과거의 개념이 되어버렸고, 'Bündnis'와 'Allianz'라는 표현에 차례로 밀려났다. 이는 영방국가의 주권이 성장했음을 알려주는 지표였고, 구제국은 그렇게 쇠약해져갔다.

a — 카를 5세의 제국동맹안

카를 5세는 관구들Kreise, 제국집정부Reichsregiment*, 그리고 제국의회도 보장할 수 없었던 일, 즉 동맹 구조를 통해 제국 평화를 이룩하기 위해 "수아비아동맹의 본보기exemple der lighe de Suave"를

---

* [옮긴이] 1500년에서 1521년 사이에 창설된 신분 기구로 신성로마제국 제후들의 참여 하에 통일된 정치적 지휘부를 구성했다.

반복적으로 이용했다. 1500년 슈바벤동맹 규약 제72조에는 이미 제국 내의 어떤 신분이라도 신청을 하면 가입할 수 있도록 규정하고 있었다. 이런 취지로 길리스Gillis는 1523년에 다음과 같은 계획을 구상했다. "전체 제국과 모든 당파가 참여하는 보편적인 동맹 Lighe을 실행할 것, 그렇지 않으면 제국이 세 개로 쪼개질 위험에 처할 것이기 때문이다."[130]

그 다음 해까지도 카를 5세는 터키와 프랑스에 대항할 자금을 얻기 위해 자신을 "슈바벤동맹의 수장, 통치자, 집행자이자 보호자"로 봐주기를 원했다.[131] 그러나 슈바벤동맹은 신교 보호 동맹이 생겨나자마자 해체되었다. 황제는 1535년과 1538년에 "기독교적 방어, 반격 연맹/이해 동맹Christliche Bündnuß/Verstand und Einigung defensive"을 설립하는 등, "오로지 방어 목적의 기독교 반동맹"을 설립하려고 여러 차례 시도했다.[132] 슈말칼덴동맹이 사용한 용어를 그대로 사용했기 때문이 자신의 정당성이 공격에 대응하기 위한 것임이 특히 부각되었다. 이 동맹은 "슈말칼덴동맹과 가까운 신분의 항의자들(개신교도들)die Protestierenden deß Schmalkaldischen Bunds verwandte Stände"에 분명히 저항했다. 사실 "기독교 관습과 예식 christliche gebreuche und Ceremonien", 기존의 규약, "영방평화 Landfriede 및 정규법ordentliche Rechte"을 수호하기 위한 것이었기 때문에 황제로서는 누군가를 배제시킬 필요가 전혀 없었다. 이 동맹은 갈등과 반목을 극복하기 위한 결합이었지만 선제후들이 참여하지 않아서 정치적 성과를 거두지는 못했다. 권력의 정점에 있었을 때(1547)조차도 황제는 마지막 슈바벤동맹에서 이용되었던 삼두체제헌법Dreikurienverfassung*을 활용하여 "모든 신분을 새로운 동맹에 끌어들이고" 이 제국동맹을 통해 전체 제국을 장악하려 시도했지만 좌절되었다.[133] 황제가 "당시의 모든 동맹을 통합, 평화를 유지하고 조화시켜" 도달하려고 노력했던[134] 바로 그 종교적 통일이 불가능한 것으로 드러났기 때문이었다. 계획했던 "lighe, bonne union 혹은 confederation",[135] 독일어로 "황제의 연합 및 연맹 Kaiserliche vereinigung und bundnus"[136]은 동시에 황제의 "권위 Auctorite"[137]를 재건하려고 했고, 제후들은 이에 결연히 저항했다. 제후들은 자신의 뜻대로 제국을 개혁할 수 있도록 "황제와 신성제국의 동맹kaiserlicher und des heiligen Reichs Bund"[138]이라는 명칭을 선호했다. 동생인 페르디난트에게 보내는 편지에 쓴 것처럼 카를 5세도 동맹Liga이 현재뿐만 아니라 "미래에도 계속"[139] 독일을 통제하기를 바랐다. 하지만 제후들은 계속해서 서로 힘을 합쳤고 심지어 다른 종파 간에도 단합했다.[140] 결국 카를 5세의 집권 말기에 이미 작센 왕 모리츠Moritz' von Sachsen의 주도로 독일은 양분되기 시작했고, 동생인 페르디난트는 이를 전략적으로 이용하려 했다. 그는 "작센동맹lighe de Saxen과 수아비아동맹lighe de Suave"[141]을 목표로 하면서, 모든 "개별동맹particular pundtnus"[142]들이 각각 카를왕을 "수장Chief"으로 삼을 수 있기를 바랐다. 하지만 종파나 정치적

* [옮긴이] 성직자, 기사, 도시의 3개 분과로 나뉜 동맹의 구성.

진영이 서로 뒤엉켜 있어서 영토를 확정할 수 없었다. 부副재상이었던 젤트Seld가 일종의 정치 비망록에 기술한 바에 따르면, 결국 카를왕은 단념했고, 실제 동맹 내에서 제국의 최소한의 평화 질서마저 사라지는 것을 목도해야 했다.[143] 즉 황제 진영에서 'Bund'는 애매한 제국법적 정당성을 지닌 신분 간의 개념에서 제국을 대신하는 개념으로 부상했고, 제국 체제는 Bund를 통해 새로 규정되어야 했다. 물론 실질적으로 제국의 체제 전체를 포괄할 수는 없었지만, 'Bund'는 잠재적으로 제국 체제를 일컫는 개념이 되었다. 1815년에 제국이 Bund로 부활할 때까지 역사는 다른 길로 전개되었다.

b —종파적 투쟁 동맹에서 영방국가의 동맹법으로

종파적 성격을 지녔던 연합법Einungsrecht이 상층 신분의 자유로운 동맹법Bündnisrecht으로 인해 종파적 성격이 사라지기에 앞서 먼저 종교 진영이 양극화되었다. 종파들이 소유 지분을 놓고 다투면서 쿠어팔츠Kurpfalz와 바이에른Bayern 지역을 중심으로 양분되었고, 작센 지역은 루터의 추종 세력으로 인해 우선은 중립적인 입장을 취했다. 란츠베르크 영방평화연합Landsberger Landfriedenseinung(1556)[144]은 'Liga(구교동맹)'(1609)로 성장했고, 이에 상응하는 신분들의 토르가우 동맹Torgauer Bund은 1608년에 'Union(구교동맹)'으로 결합했다. 역사적으로는 프로테스탄트 연맹protestantische Union과 가톨릭 연합katholische Liga으로 기록되었지만, 이들도 처음에는 이 명칭으로 체결되지 않았다. 이들 양 동맹은 신분 간에, 즉 제후들 (그리고 신교 도시들) 간에 합의된 투쟁 동맹으로, 방어협회Defensivverein 형식으로 결성되었다. 이런 와중에 신교 연맹들은 최초로 "몇 가지 종교적 논점에서 의견이 상이한 단체"로 종파들 간에 합의했다.[145] 이들은 슈말칼덴동맹의 규칙과는 다르게 종교적 문제는 신학자들에게 맡겼다. 구교동맹Union과 구교동맹Liga 두 단체는 모두 자기 종교의 방어와 유지를 주장했지만, 구교동맹은 "진정한 기독교의 수호와 유지"를 최우선의 동맹 목적으로 공공연하게 정의했고,[146] 반면 구교동맹은 이보다는 덜 강력하게 "신교 신분[147]을 불가피하고 허용되는 정도로 방어"할 것임을 밝혔다. 그러나 평화를 사랑하는 신분이라는 그들의 방어 구호 뒤에도 종교적 평화를 자기 방식으로 해석하려는 배타적인 요구가 숨겨져 있었다. 직접 말로 표현하지는 않았지만 신교도들이 그랬고, 자신들만이 "평화를 사랑한다"고 칭하면서 가톨릭이 제국 체제의 토대라고 보았던 구교동맹들도 그랬다. 어쨌건 양측은 "제국 내에서의 평화 유지와 단합",[148] 영방 평화 및 제국 체제의 보호를 맹세했다. 예컨대 구교동맹은 자신들의 규범이 관구의 행정을 보조한다고 해석했고, 구교동맹은 제국궁중회의Reichshofrat까지의 사법 절차를 자신들의 체제로 편성시켰다. 양 동맹 모두 방어 동맹 형식을 갖추고 있어서 전쟁 규약은 공격에 초점이 맞춰져 있었고, 구교동맹에서는 "시기에 앞서서 (먼저) 방어를 행사"할 수 있다고 규정에 명시하고 있었다.[149] 이렇게 양측은 모두 잠정적으로 제국 체제에 대한 진정한 해석을 자신에게 유리하게 관철할 수 있기를 요구했는데, 구교동맹은 자신들이 결합하는 구실이 (제국법상 중립적 개념인) "사랑하는 조국geliebte Vatterlandt"임을 숨기지 않았다.[150]

시간이 지나면서 정치적 이해관계의 충돌은 동맹 내에서 성공적인 협력을 방해했다. 도시들이 제후들의 확대 정책에 동참하지 않으려고 했기 때문에 구교동맹 내에서는 높은 신분과 낮은 신분들이 "개별 회의Partikularkonventen"를 통해 논의했고, 구교동맹은 바이에른과 오스트리아가 패권을 주고받으면서 수차례 개혁을 겪어야 했다.

이로 인해 상대 동맹을 칭하거나 스스로를 칭하는 호칭이 불확실했고, 결국 이들 동맹의 요구와 제국 체제 간의 차이가 너무 커지지 않게 하는 언어 규정이 마련되었다. 'Liga'와 'Union'은 처음에는 양측 모두 사용했고 서로 바꾸어 쓸 수 있는 호칭으로 뚜렷한 구별 기준이 없었다. 사전 협상 때에 신교도들은 "지속적인 연합bestendiger Vereinigung, 연맹union, 결합conjunction, 친교협회 및 회합vertrawliche verain und Zusammensetzung, 동맹confoederation 또는 연합liga"이라는 표현을 사용했고, 마찬가지로 구교도들도 신교도들을 "저항하는(프로테스탄트) 동맹자들protestierende Ligisten"이라고 표현하기도 했다.[151] 헌법 문건에 Union은 네 번 등장하고, 반면 "Verein"은 8번, 그 밖에 다수의 다른 유사 표현들도 비슷하게 등장한다.[152] 이들 전체를 표현할 때에는 한 번은 "이 연맹의 공동 본체gemeines Wesen dieser Union"라고 표현했고, 구교도들은 자신들의 동맹 전체를 "전체 몸통gesambt corpus"이라고 칭했다.[153] 신교 문건에서는

"Bündtnuß"라는 표현을 단 한 번, 그것도 외부 세력과는 맺어서는 안 된다고 부정적으로 언급했는데, 이는 Bündnis가 외부와의 협정에서 자주 사용되고 있다는 증거이다.

전반적으로 신교에서는 'Union'이라는 표현이 'Bund'라는 표현을 몰아냈다. 반대로 구교는 칼뱅주의 동맹Calvinistische Union에서 경험한 것처럼 "Union이라는 단어가 배신적이고 신뢰가 가지 않는다며"[154] 점점 스스로를 'Union'이라 부르기를 꺼렸다. 구교 신분 동맹이라는 명칭도 배척되었다.[155] 레오폴트 대공Erzherzog Leopold은 "unionis 또는 ligae라는 이런 반감을 사는 명칭"을 없애버리고 "황제의 수비대defensio" 혹은 선동자에 맞서는 진정한 종교로 부르자고 촉구했다.[156] 결국 다양하게 구성된 Liga들은 스스로를 "상부협회Schirmverein"라고 부르는 데 합의했다.[157] 이런 명칭을 선택한 것에는 전쟁의 결과에 대한 책임을 상대방에게 전가하려는 의도가 내포되어 있었다.

신교와 구교 양측의 제국법상 요구로 인해 강력한 특수 호칭은 피하게 되었지만 서로를 차별하면서 'Liga'와 'Union'은 투쟁 개념이 되어버렸다. 결국 30년전쟁을 겪으면서 서로의 정치적 성향이었던 것에서 양 진영의 역사적 명칭이 되어버렸다. 이때, 특히 프랑스 시민전쟁 동안, 로만어의 "ligue"[158]는 가톨릭의 '수비 조직Defensionswesen'을 'Liga'라는 호칭으로 통일하는 데 기여했다. 'Bund'와 마찬가지로 결국 'Liga'와 'Union'도 전쟁 과정에서 정치적 개념으로는 쇠약해지고 1648년 이후에는 인기를 상실했다.

지금까지는 외부 세력을 직접 신분동맹에 가입시키기를 계속 피했고, 만약의 경우에도 기껏해야 동맹 전체와 타국 제후 간의 양자 합의 정도로만 체결되었다. 예컨대 1552년에 샹보르Chambord에서 독일 제후들이 공개적으로 황제에 저항하여 동맹했다가, 그 후에 비로소 프랑스의 앙리 2세와 비밀리에 "이해와 연합Verstand und Einung"을 체결했다. 외국 군주는 동맹의 구성원이 될 수 없었기 때문이다.[159] 전체적으로 Union과 Liga도 외국과 '동맹'하는 것을 거부했다. 하지만 이런 상황은 30년전쟁에서 외부 세력의 개입 압력을 받고서 바뀌었다.

스웨덴 왕 구스타프 아돌프Gustav Adolf는 "체제에 대응하기 위해"[160] 전쟁을 시작했다. 그는 모두에게 적용되는 "주主 헌법을 통해 신성로마제국의 신분들을 하나의 몸통 하에"[161] 두는 "전체 통합"[162]이 가능하다며 자신의 "지휘권"을 요구했다. 이는 동맹을 통해 제국을 흡수하려는 것이 아니라 제국을 완전히 해체 또는 교체하려는 것이었다. 그러나 그의 사후에 "하일브론동맹Confoederation von Heilbronn"만 결성되었고, 그 내부에서 스웨덴 재상의 주도적 역할이 제도적으로 보장되었다. 이렇게 스웨덴의 계획은 무산되었지만 이는 독일 신분들이 맺은 동맹에 외국 세력이 직접 개입한 최초 동맹이었다.

4개의 독일 고지(남부) 관구의 개신교 신분들은 "제국의 구성원으로서 제국 체제를 통해 이미 서로 결합되어 있었지만…… 1633년에 서로 더욱 가깝고 친밀하게" 동맹을 맺었다. 비록 스웨덴의 뜻대로 기사단의 가입은 관철되었지만 제국 관구들의 기본적인 체제는 그대로 유지되었고, 황제나 구교동맹들에게 공개적인 전쟁 선포도 없었다. 동맹은 제국 체제를 "방어하고 보존"하는 것을 목표로 결성되었고, "공격"은 일체 부정하였다. 그러나 여전히 종파 간의 대립은 두드러졌고, 개신교에서 탈퇴하는 자는 "적으로 선언되었고……" 따라서 "개신교도들 사이에 중립이란 것은 아예 사라졌다"(제5조).[163] 잘 알려진 대로 작센과 스웨덴의 경쟁 구도로 인해 이는 실패로 돌아갔다. 어쨌거나 제국법상 동맹의 목표는 여전히 신분적 특권의 수호, 개신교도 신분의 재건, 종교적 평화의 재구축 그리고 스웨덴에 대한 배상이었다.

하지만 이렇게 타협을 선언한 데에는 동맹을 통해 제국 체제를 변화시키려는 스웨덴의 의도가 숨어있었다. 스웨덴은 합법적으로 "지휘부Directorium"를 맡고 있었고, 실제로는 동맹의 "평의회 Consilium"도 이끌고 있었다. 이들의 규약은 자체 재판권도 없어서 사실상 전쟁동맹 규정과 유사했는데, 이는 동맹이 제국법상 유추될 수 없는 세력에게 지배권을 인정한 것과 다름없다. 뿐만 아니라 "외국의 다른 지배자들도 이런 기독교적이고, 신을 섬기며, 정당하고 합법적인 동맹에 가입할 것"을 요청받았다.[164] 이렇게 이들 'Bund'의 통상적인 표현인 'Confoederation'에는 국내외 정치적인 의미까지도 추가되었는데,[165] 이는 1630년경에 바이에른의 막시밀리안 1세가 프랑스와 협상할 때까지도 피해왔던 것이었다.[166]

페르디난트 2세는 1635년에 프라하평화협정을 맺으면서 동맹법을 독점하려고 마지막으로 시도한다. "모든 연합, 연맹, 동맹 또는 그와 같은 결합, 그리고 그런 목적의 서약과 의무까지도 전부 폐지되어야 하며, 화합하여 제국 및 관구 체제, 그리고 현재의 평온만을 지켜야 할 것이다. 선제후연맹Churfürstliche Verein과 상속동맹 Erbeinigungen 또는 상속형제동맹Erbverbrüderungen"*만 금지에서 제외되었다(제27조).[167] 이렇게 해서 유일한 외부 권력을 형성하려는 황제의 시도는 성공한 것처럼 보였다. 그러나 평화는 어디에나 있는 것도, 힘으로 관철되는 것도 아니었다. 뮌스터Münster와 오스나브뤼크Osnabrück에서 독일제국 황제, 프랑스 그리고 스웨덴이 협상할 때 이미 독일의 신분 계급들이 협상자로 추가되었고, 이로써 국제법상 주체로 처음 등장했다. 유명한 베스트팔렌조약Westfälischer Friede(IPO) 제8장 제2조를 통해 제국의 신분들은 그들이 공동으로 수호해야 하는 헌법을 넘어서 개별적으로 체결한 동맹법도 인정받았다. "특별히 서로 간에 법을 만들고 자국의 법에 따라 체결한 외국과의 협약은 각 나라의 수호와 안전을 영구히 독립적이게 한다. 그렇지만 그러한 협약은 황제와 황제의 평화와 그의 국가에 반해서는 안 되며, 또한 황제와 제국에 책임을 진다는 모든 맹세를 건드리지 않으면서 특별 협약을 체결한다Cum primis vero ius faciendi inter se et cum exteris foedera pro sua cuiusque conservatione ac securitate singulis Statibus perpetuo liberum esto; ita tarnen, ne eiusmodi foedera

---

* [옮긴이] 상속동맹 또는 상속형제동맹은 귀족들이나 제후들 간에 상대 집안이 자신보다 일찍 대가 끊기는 경우에 상대방이나 그 후손이 상속인이 되는 것에 합의하는 것을 말한다.

sint contra Imperatorem et Imperium pacemque eius publicam vel hanc imprimis Transactionem flantque salvo per omnia iuramento, quo quisque Imperatori et Imperio obstrictus est."[168]

이로써 정치적으로나 법역사적으로 하나의 종착역에 다다랐다. 제국은 국가들 사이에서 독특한 부유 상태에 놓이게 된다. 동맹법 ius foederis으로 인해 기존의 제국법과 봉토법은 새로 형성되는 국법 과 국제법 사이에서 궁지에 몰렸다. 황제의 특사들은 기존의 "동맹 Bündnisse"들이 "국지적 분쟁과 저항"을 위해 탄생했다고 주장했지 만 관철되지 못했다.[169] 다른 한편 선제후들도 "이미 동맹이 사실 상 외부 국가들과 신분들 사이에 체결되었지만…… 제국헌법에는 외국과의 동맹법에 대하여de Jure Foederum cum Exteris 특별한 법규 가 존재하지 않는다"는 사실을 협상에서 스스로 인정했다.[170]

기껏해야 제국 내부의, 신분 간의 연합법Einungsrecht이었던 것이 이제는 — 처음에는 영방평화를 보호하기 위해서 그 다음에는 종 교를 구하고 공격에 저항하기 위하여 — 동맹법ius foederis이 되어 공개적이고 실증적인 형태로 영방 군주들에게 인정되었고, 그 결 과 전쟁과 평화의 법ius belli ac pacis이 되었다. 이 법은 영토법ius territoriale이었지만, 그 의도는 프랑스인들이 협상 주제로 내놓은 통 치권과 관련된 것이었다.[171] 과거의 지역 동맹은 초영토적인 법적 명분에서 자신의 정당성을 도출해내야 했던, 즉 제국법에 구속되 어 있었던 반면, 새로운 동맹법은 영토 그 자체를 다루고 있었다. 영토를 "보존하고 지키는" 일은 — "자연이 허용한 것으로서"[171a]

— 동맹의 목적으로 이용되었다. 기존의 보호 규정이나 후원 규정도 이 형식에서 출발했지만, 영방 평화를 수호하는 일은 더 이상 동맹에게 요구되는 법적 명분이 아니었다. 오히려 동맹들은 공공 평화에 반하는 목적만 추구하지 않으면 되었다. 과거 영방 평화 보호를 위한 정당성 명분이었던 자기 보존이라는 단순한 유보 조항이 이제 제후국들에게 최우선 법적 명분이 되었다.

어쨌거나 거의 모든 독일 신분들은 스웨덴과 프랑스에 저항하여 오랜 유보 조항, 즉 황제와 제국을 모든 동맹에서 제외시킨다는 조항을 결연하게 관철시켰다. 스웨덴은 "평등Aequilibrium"을 이유로 들어 "황제가 제국법에 저촉되는 일을 도모할 경우"에 황제에 저항하는 동맹을 허용하게 하려고 했지만,[172] 황제를 제국 아래에 두려는 이 시도는 관철되지 못했다. 이렇게 동맹법은 제후들에게 내적으로나 외부적으로 완전히 평등한 행동의 자유를 주지는 않았다.

다른 한편 황제의 동맹권은 그 유래에 맞게 재단되었다. 황제는 "신분들에게 군주인 자신보다 더 많은 것이 주어져서는 안 된다며",[173] 허용이 상호적이어야 한다고 호소했지만 소용이 없었다. 신분들은 황제와 제국을 제외시키는 것 외에는 누구와 연합하건 자유로웠다. 반면 황제는 신분들의 동의를 얻어야만 동맹을 맺을 수 있었는데, 1495년으로 거슬러 올라가는 이 조건은 1711년에 최종적으로 합법화되었지만 거의 지켜지지 않았다.[174] "신분들과 제국의 회의 동의를 받아야 하는 황제보다 제국 신분들은 동맹법에 있어서 보다 더 자립적이고 분란이 적다."[175] 황제는 적극적으로 구속되었지만, 제후들은 통치자로서 제국에 소극적인 의무만 지고 있었다. 이로써 황제 가문은 군주로서의 기회를 완전히 놓친 것이다. 국가들이 국제적으로 인정을 받는 만큼 황제의 제국은 소실되었다. 추세는 영방국가가 국가화되고 국제법상 주체로 인정받는 쪽으로 흘러갔다.

따라서 전前국가적 형식의 "동맹" 구조는 더 이상 동맹법에 포함되지 못했다. 북독일 신분들은 "한자도시동맹Hanse-Städtischer Bund"과 "한자동맹Foedus Hanseaticum"을 인정받고자 했지만 관철하지 못했다.[176] 국제법 주체가 될 수 있는 제국 직할 조직이 아니라는 이유였다. 마찬가지로 몇몇 제후 가문 사이에 맺어진 상속형 제동맹Erbverbrüderung("Pacta gentilicia[177] confraternitates, unionis pacta")도 거의 대부분 동맹법의 대상이 되지 못했다.[178]

이렇게 법적 편성이 영방 국가 단위로 축소된 상황은 언어에도 그대로 반영되었다. 프랑스인들은 협상 과정에서 "연맹과 동맹의…… 법Droit…… des Alliances et Confédérations"을 관철시키려고 했는데,[179] 이를 위해서는 Bündnis와 Bund 사이에 이렇다 할 만한 차이가 반드시 전제되어야만 했다. 이들은 1643년에 제국 영토에 "동맹Lighe"을 창설하려는 정치적인 계획을 세웠을 때에도 연합Allianzen, 제휴Assoziationen 및 동맹Confoederationen을 체결할 수 있는 일반적인 권리를 규정했다.[180] 바로 이런 구별은 1648년에 일반 동맹법이 제정되면서 사라졌는데, 마이에른Meiern은 foedus를 거의 "Bündniß"로, 때로는 "Verbündniß"로 표기했다.[181] 오래전부터 규칙이 허물어져 독일 내의 Bund들은 외부 세력과도 Bündnis를 결성할 수 있을 정도로 이제는 법적으로도 통일이 성사된 것이다. 1648년부터는 'foedus'라는 개념은 아무런 제도적 의미를 갖지 못했고, 독일의 법률 언어에서 서서히 밀려난 과거 'Bund'의 내용을 더 이상은 담지 못했다.

c — 제국법과 국제법 사이의 특수동맹의 시대 : 관구들의 연합

베스트팔렌평화조약 이후 점차 소위 특수동맹인 '개별동맹 Particularallianzen'의 시대가 시작된다. 이 이중 표현은 제국법과 국제법의 중간에 처한 상황을 개념으로 표현한 것으로, 해당 동맹이 제국 체제와 관련되어 있는 한 "개별적particular"이다.[182] 하지만 이는 동시에 외부 세력이 참여할 수 있었거나 참여했던 연합Bündnis이었다. 이들의 개별성은 제국을 넘어서도 적용될 수 있었다. 이런 점에서 이들 동맹은 국제적 성격을 띠고 있었다. 바로 이 양면성에서 구별이 시작되어 과거 제국 신분들의 동맹적 요소와는 완전히 결별하고 대외정책적 합의를 의미하는 순수한 연합Bündnis이 된 것이다.

1648년에 제국을 군주제 체제로 만들려는 — 매우 우려되었던 — 모든 시도가 불가능해지자, 당시의 제국이라는 구조에서 효과적으로 초영토적으로 통합할 수 있는 세 단계의 방법이 제시되었다. 당시 정치 전문가 3인의 의견을 예로 들어보겠다.

1670년에 라이프니츠는 마인츠 대재상에게 제국을 "제국연합

Reichsallianz"으로부터 재편성할 것을 제안하였다.[183] 그가 계획한 "항구恒久연합beständige Allianz"[184]에는 모든 신분이 가입할 수 있지만, 우선은 동등한 조건 아래 동등한 비용을 지불해서 강력한 지휘부를 설치하고 공동 결정에 따를 의지가 있는 신분들로만 결성되어야 한다고 했다. 이로써 북독일과 남독일의 "반反동맹Gegenallianz"을 억압하고 모든 반대자들에게 중립을 강요할 수 있을 만큼 충분히 강력한 미래의 보편적인 체제의 핵심을 형성하겠다는 것이었다.[185] 황제는 황제로서 연합 체제에서 제외되어야 했는데, 이는 카를 5세의 제국동맹안이 처음으로 연방적 제후연합에 적용된 것으로 이 제후연합은 "제국에 대한 통치권imperium in imperio" 이상일 것이라고 했다.[186] '연합Einung'이라는 표현은 사라졌고 목표는 "제휴Allianz"를 통한 화합이었다.[187] 달리 표현하자면 Bündnis에서 다시 Bund로 또는 Bund 이전으로 돌아간 것인데,[188] 이렇게 된 데에는 네덜란드의 연합Union도 본보기가 되었다. 구舊 제국을 염두에 두고 고안된 이 계획이 실패한 것처럼, '총연맹Gesamtallianz'을 설립하여 이에 응수하고자 했던 황제의 시도 역시 실패로 돌아갔다.[189]

두 번째이자 중간 단계로는 발데크Waldeck가 1653년에 대제후의 요청을 받아서 작성한 감정서를 예로 들 수 있다. 발데크는 "관구Kreis, 연합Verein, 또는 상속형제동맹Erbverbrüderung"은 그 어떤 것도 신분 간의 조직 형태로 정치적 보호를 제공할 수 없고, Bündnis만이 이를 제공할 수 있다고 보았다.[190] 발데크는 전통적으로 합스부르크 왕가의 야망에 대한 "저항Gegenwehr"으로, 그리고 "구교의 분리Trennung der Katholischen"[191]를 위해 고안된 Bündnis를 제안했다. 브란덴부르크시市가 개신교 제후 및 도시들과 결합하여 "다른 동맹자들의 수장Haupt der anderen Bundesgenossen"[192]이 되어야 한다는 것이다. 이 동맹을 통해 평화조약을 수호하고 이를 토대로 브란덴부르크의 세력을 강화하려 했다. 그러나 비록 슈말칼덴동맹의 모티브는 남아있었지만 연합Union 체제에 대한 언급은 전혀 없었다. 합의된 절차를 통하여 오스트리아의 영향으로부터 제국을 보호하고자 이 계획에는 오히려 공동의 제도는 전혀 마련하지 않았다. 이렇게 외국으로도 확대될 수 있고 미래의 주인이 될 Allianz[193]인 특수동맹의 윤곽이 완성되었다. 루돌프 후고Ludolph Hugo가 1661년에 《게르만 지방의 상황에 대하여De statu regionum Germaniae》에서 "만일 공화국이 잘 건설되었다면, 협약은 필요하지 않다. 그러나 공화국이 불안한 곳에서는 특히 협약이 필요하다. 우리가 갖지 않은 공법보다는 협약으로 개인의 안전을 보장하는 게 더 낫다. 우리의 공화국은 지금까지 단지 이 같은 보호가 있어야 존립하는 것으로 보일 만큼 그렇게 어지럽고 무력하였다Si respublica bene constituta est, foederibus non opus est. Ubi autem respublica······ laborat, utique foedera necessaria sunt, ut pactis privatis securitatem nobis conciliemus, quam iure publico non habemus. Nostra autem respublica tam turbulenta, tam imbecillis fuit, ut solo hoc subsidio hactenus stetisse videatur"라고 한 것이나 또는 콥Kopp이 1739년에 "제국 전체의 안정과 안보를 가장 잘 유지한 것은 제국의 일반 법령이 아니라 특수 동맹이었다"라고 확인해준 것처럼 말이다.[194]

마지막으로 세 번째이자 낮은 차원에서는 뷔르템베르크 평의회 의원인 쿨피스Kulpis가 1669년에 주장했다.[195] 그는 군사적·정치적으로 효과적인 제국 체제는 제국의회나 신분 간의 "특수동맹per pacta specialia"을 통해서는 생겨날 수 없다고 보았다. 그래서 그는 새로운 제국 체제가 상급 기구로부터 "선험적으로" 수립되는 것을 더 이상을 기대할 수 없기 때문에 관구管區Kreis 차원에서 이를 "경험적으로" 수립하려 했다. 이 방식도 17세기 후반 무렵에 몇 차례의 시도 끝에 실패로 돌아갔다. 1773년까지도 요한 야콥 모저 Johann Jacob Moser가 관구에 등록한[196] 동맹법은 실제로는 특수동맹권과 함께 영토 지배에만 국한되었다.

1500년, 1512년, 1521년 및 1555년에 기록된 제국 관구들의 규약에는,[197] 조직 기술적인 면에서 볼 때, 제국을 위로부터 연방제로 건설할 수 있는 가능성이 있었다. 관구들은 중세 후기에 발전된 동맹 체제적 요소들을 사용하고 있었다. 이들의 임무는 영방의 평화를 유지하고 전시에 제국 군대를 결성하는 것이었다. 관구의 규약에는 (종파에 따라 종종 2인이 중복적으로 구성된 경우도 있었지만) 하나의 지휘부, 한 명의 관구장, 관구 평의회 및 관구 의회를 두도록 명시되어 있었다. 제국법에 따라 이들 조직은 별도의 기한이 없이 조직되었고, 자체 재판권도 갖추지 않았는데, 이는 무엇보다도 이들이 궁정법원에 직접 법관을 파견했고, 그 결정을 이행해야 했기 때문이었다.

또한 이들 관구들은 합의 형식으로 자체적으로 법률을 제정하고 구성원들에게 이를 준수할 의무를 부과했다. 그렇게 해서 화폐, 경찰 및 경제 분야에서는 영방의 경계를 넘어서는 활동이 18세기까지 이어졌으며, 이는 특히 제국 남서부의 정치 생활을 유지시켰다.[198]

관구들은 제국의 기관으로서 애초에는 자체적으로 외교정책을 펼칠 의사가 없었다. 예컨대 1563년에 슈바벤 관구의 규약에는 관구들이 "특수한 동맹에 주의하거나 이를 염두에 둘 필요 없이, 정직하고 선량하며 신뢰할 수 있는 교류, 행정 및 종교와 영방의 평화를 유지할 것만 보장하면 된다"고 명시하고 있다. 관구 집행 규정 Kreisexekutionsordnung에서는 "별도의 동맹이나 연합이 아니라"고 재차 강조하고 있다. 따라서 관구장Kreishauptmann이라는 "직책"도 "신분들에 대한 우위"를 주장할 수 없었을 것이다.[199]

전쟁 후의 혼돈을 극복하고 이에 방어하기 위해 제후들은 1650년부터 1652년까지 처음으로 관구 차원에서 다시 결합하여 독일 남서 지방과 북부 지방에서 공동 협정을 통해 "연합하기로 합의하였다."[200] 그러나 동맹 권력은 관구 체제에 고정시킬 수 있는 것이 아니었다. 관구보다 작은 영방이 많을수록 이 체제는 잘 작동했고, 관구 경계를 넘어서는 영방이 많을수록 제대로 작동하기가 어려웠다. 이미 베스트팔렌평화조약을 체결할 때 관구가 아니라 신분들이 대표로 참석했다. 또한 당시 정치적 행동 단위의 결정적인 조건이었던 상비군을 관구장의 지휘 하에 두는 일도 성사되지 못했다. 군대를 갖춘 신분들이 보통 관구 경계를 넘어 공격했는데, 이들이 관구에 군대를 제공하지 않았던 것이다. 군대 유지 비용은 관구에 청구하면서도 말이다.

루이 14세의 공격을 받고서야 1697년에 쿠어라인Kurrhein, 오버라인Oberrhein, 슈바벤Schwaben, 바이에른-프랑켄Bayern-Franken 그리고 베스트팔렌Westfalen 관구들 간에 프랑크푸르트 "동맹협회 Allianz und Association"가 탄생되었다. 이 동맹은 우선적으로 "상호 방위 및 원조"를 위해 계획되었고, 쇤보른Schönborn의 주도 하에 자체 군대를 공동 "몸통Corpus"으로 투입하기로 하였다.[201] 비록 주요 강조점은 군사 동맹이었지만 '동맹Allianz'과 '협회Association'라는 이중 표현 뒤에는 역시 국제법 및 제국법의 중간적인 위치라는 사실이 숨겨져 있었다. "Association"은 전쟁동맹, "특수동맹Special Foedus"이 되었는데, 이 현상은 1702년에 오스트리아가 가입하자 더욱 뚜렷해졌다.[202] 그러나 일단 대외 정치 구도에 얽히고부터는 부르봉 왕가와 합스부르크 왕가 사이에서 독립적인 제3의 세력으로서의 'Association'은 빠르게 붕괴되었다. 프랑스에 저항하는 전 유럽적 동맹이 관구들 간 동맹의 결합적인 체제 요소를 약화시켰다. 그 후에 이를 재건하려는 시도가 있었지만 영방국가들의 대립은 제국 관구들의 구심력보다 강했고 결국 실패로 돌아갔다.[203]

30년전쟁 이래 영방국가들의 특수동맹들 중에서 가장 유명한 것이 "라인동맹Foedus Rhenanum"이었는데, 이 특수동맹들은 1652년에 체결된 힐데스하임Hildesheim의 "특수-결속-친족Particular-Vereinig-und Verwandtnüs"에서 처음 사용된 규정에서부터 유래된 수많은 공통점을 보여주고 있다.[204] 그 이후에 결성된 동맹에는 새로운 동맹 유형에 특징적인 동일한 규정들이 나타난다.

동맹들의 정당성은 (순서대로) "제후라는 고위 직함, 가장 신성하고 복된 성서의 지시(신교에만 해당), 자연 이성, 모든 민족의 권리" 및 여기에 기초한 제국헌법에 근거하고 있었다.[205] 이들 법적 명분의 순서만 보더라도 과거에 해당 동맹자가 요구해온 주권에 유리하도록 동맹의 이름을 붙이는 방식과는 결별했음을 확인할 수 있다. 동맹자들은 자신의 독립을 포기하지 않고도 평화를 유지할 수 있는 최소한의 군사정책 조건에 합의하려는 경향을 보였다. 그래서 "최고 권위, 우세한 권력과 정의"를 내세워 "누가 어떤 구실"로 패권을 남용하려고 하더라도[206] 서로 보호해줄 것을 약속했다. 비록 프랑스가 프랑크푸르트동맹에 가입하면서 라인동맹에서 패권을 장악하려 했고 잠시나마 이를 관철할 수 있었지만 말이다.[207]

제국 내에서 동맹들은 1648년에 체결된 베스트팔렌조약에 따라 평화를 수호하는 것과 동시에 극심한 빈곤을 제거하는 것이 목표였고, 그 후 라인동맹이 세 차례 연장된 일은 있었지만 대부분은 2년 또는 3년 기한으로 체결되었다. 또한 힐데스하임Hildesheim 정의에 따라 스스로를 "개별 방어 체제Particular-Defensions-Verfassung"로 규정했다. 하지만 모든 노력은 현대적 의미로 또는 과거 동맹의 의미에서 체제적 요소들을 추려내는 것에 맞춰졌다. 즉 군사법을 제외하고는 공동의 사법권이 사라졌고, 모든 제후는 자기 영토 안에서 최고 명령권자로 남았고, "제3국"으로 진격할 때에만 공동 지휘 규정을 두었다. 모든 군대에게는 군대를 파견하는 영방이 그 비용을 지불했고, 포대만 공동으로 설치했다.[208] 이는 정치적 행동 단위가 독립을 요구할 수 있는 마지노선을 표현한 것으로, 가능한 한 중립적이고 수동적으로 남기를 원하는 추세였다. 이는 종파에서 벗어나려 했던 그 밖의 특징과도 일치했다.[209] 그래서 라인동맹의 제후들은 "이제 막 체결된 이해와 결합Verständnüs und Zusammensetzung은…… 어떤 새로운 동맹ligam 또는 연합Union도 목표로 하지 않는다"고 공언하였다.[210]

이렇게 공동의 제도가 최소화되고, 동맹의 내용이 군사정책적 보호 조치로만 축소되고, 종파색이 사라진 것은 어휘의 의미론적인 변화와도 일치한다. 'Alliance' 또는 독일어화 된 'Alliantz', 라틴어와 독일 문헌의 'foedus'가 부상하여 'Bündnis'와 같은 뜻이 되었다. 'Einung'은 더 이상 사용되지 않고, 'Bund'는 부차적으로만 등장했다. 새로운 용어의 등장은 저간의 사정이 변했음을 시사한다. 1648년 이래 제국이 외국의 보증 하에 처해진 운명이니만큼 국제 세력 구도가 제국 안으로 파고들어왔고, 기존의 동맹 구도를 국가 간의 연맹Bündnis으로 바꾸어 놓았다. 이렇게 연맹들이 제국을 구실로 내세워 쉽게 황제에게 저항할 수 있게 되자 제국과 황제 사이는 점점 더 멀어져갔다.

이렇게 1785년에 소위 제후동맹Fürstenbund이 탄생한다. 18세기에 유럽이 서로 제휴하고 연합하는 과정에서 프로이센의 세력이 크게 성장하자 독일 제후들의 제국 개혁안은 오스트리아—프로이센 이원주의의 소용돌이에 휘말리게 되었다. 그 결과 프로이센의 지휘 하에 제후동맹이 결성되었고, 이는 황제와 제국 간의 대립을 극대화했다.

조약은 금인칙서, 베스트팔렌평화조약 및 가장 최근인 1711년 선출 공약에 따라 우선은 'Bund'라는 표현을 사용하지 않고 선제후 3인의 "비밀연합vertrauliches Bündnisz" 형식으로 체결되었다.[211] 독일어로는 과거 표현으로 회귀되었지만 이 이익 계약은 과거 의미의 동맹Bund은 아니었다. 공동 협의체나 공동 재판권, 그리고 공동 조세제도도 없었다. 공동 군대에 합의했지만 전시로 제한되고, 그것도 기밀이었다. 사실상 제국헌법의 요소들을 사용하는 고전적인 외교 취지의 동맹이었다. 전문前文에 따르면 제후동맹은 "제국 시스템의 위기"를 극복하고, 제국헌법, 사법司法의 공평성, 출신 및 신분적 권리의 보호가 그 목적이라고 했다. 단합한 제후들은 스스로 제국의 파수꾼 역할을 자처했고, 급기야 뷔르츠부르크의 한 전문가는 다음과 같은 예리한 질문을 던진다. 누가 제국헌법을 해석할 것인가? 황제인가 아니면 동맹한 제후들인가?[212] 이렇게 제국 체제는 잠재적으로 황제에게 저항하는 이익동맹에 흡수되어버리고 말았다.

정치적 규정들은 모든 제국 기구들의 긴밀한 협력을 유지하고, 요제프 2세를 통한 탈교회화*를 저지하며 — 이로 인해 동맹에는 탈종파적인 성격이 부여되었다 — 영토 교환을 금지하는 것에 맞춰졌는데, 이는 "동맹자들Paciscenten"이 황제에게 대항해 전쟁을 일으키는 것을 염두에 둔 것이다. 이로써 체제를 보호한다는 구실로 전쟁을 선포하는 것도 합헌적으로 해석될 수 있는 위험이 생겨난 것이다. 동맹적 제도가 없는 소위 제후동맹은 제국헌법을 외교 행위의 수단으로 이용할 줄 아는, 패권을 가진 이익동맹이었던 것이다.

'결합Verbingung', '연합Union', '결사Vereinigung', '연맹Association' 또는 이와 유사한 표현들과는 달리 '제후동맹Fürstenbund'이라는 용어는 외교 관계에서 인용될 때에만 등장하는데,[213] 사실 이 표현이 대중적으로 가장 친근한 표현이었다. 이는 조국처럼 친근한 느낌과 애국심을 불러일으켰고, 대중들은 점점 이 느낌을 Bund라는 개념과 결부시키기 시작했다. 크리스티안 슈바르트Christian Schubart가 "우리의 지도자가 되어주오, 프리드리히 헤르만! 그가 희망하자, 거기에 독일동맹이 있었다"[214]라고 외친 것처럼 말이다. 이렇게 '제후동맹'은 당시 형성되고 있었던 독일 시민사회의 환영 분위기에 부응했고, 그 이래로 독일어의 개념사에 새로운 획을 이끌어냈다(아래 IV. 2 참조).

---

* [옮긴이] 교회 재산 국유화, 종교 제도의 탈권력화.

d —의미론적 회고 및 18세기 어학 사전

중세 후기에서 18세기로 가는 과정에서 'Bund'와 'Bündnis'의 표현에 눈에 띄지는 않지만 장기간에 걸친 심도 깊은 체제 변화를 암시하는 의미상의 변화가 나타난다. 신분법적 그리고 신분들 간의 동맹 개념은 종교개혁 이후 한편으로는 사회혁명적인 의미가 부가되었고, 다른 한편으로는 루터파 신학에 의해 반反정치적으로 해석되었다. 그 이후부터는 다른 표현들에게 의해 밀려났고, 전체 제국법적 체제 개념으로 사용되기도 했지만 경험적으로 단련되지는 못했다. 대신에 처음부터 거의 같은 의미로 사용되었던 'Bündnis'가 치고 나가서 1648년 이후에는 제국법과 국제법 개념으로 동시에 사용되었다.

이러한 과정은 정당성의 변화에 따른 것이었다. 원래 영방 평화와 제국 체제 유지를 위한 'Bund'(그리고 같은 뜻의 'Bündnis')는 추가로 신앙 보호라는 종교적 동기를 얻었지만 결국 이로 인해 쇠약해졌고, 그 전에 Bund라는 표현을 몰아내었던 다른 두 개념인 'Liga'와 'Union'도 이와 함께 역사의 뒤편으로 사라졌다. 1648년부터는 단순히 안보와 자기 유지라는 이유만으로도 동맹을 결성할 수 있는 정당성이 부여되었는데, 영토 주권은 국제법 그리고 제국법의 준거점으로서 동맹을 맺을 수 있는 권한을 의미했기 때문이다. 'Bündnis'는 종교적이거나 체제와 결합된 내용을 제외하고는 점점 더 전적으로 대외정치적인 개념이 되어갔다. 결국 이러한 과정은 Bund라는 개념을 구성했었지만 Bündnis에는 더 이상 필요하지 않게 된 모든 제도적인 규정들을 솎아내는 과정이기도 했다.

그럼에도 불구하고 역사적 표현이 되어버린 'Bund'는 법률 언어에, 특히 복합어 형식으로는 계속 사용되었다. 16세기와 17세기에 'Bund'라는 표현은 사라졌지만 오래전부터 사용되어오던 합성어 표현, 즉 연방참사원Bundesrat, 동맹주Bundeshauptmann, 동맹장Bundesoberst, 연방금고Bundeskasse, 연방지원금Bundeshilfe, 연방법원Bundesgericht, 동맹자Bundesgenossen 등에는 해당 상황이 존재하는 동안에는 계속해서 사용되었다. 복합어에 매우 적합한 기술적 표현인 'Bund'를 법률 언어에서는 포기하지 않았던 것이다.[215]

18세기 사전을 보면 당시 지식인이나 교양있는 사람들이 어떤 언어를 사용했는지를 알 수 있다. 1649년에 발간된 베졸트Besold의 사전에 'Bund'는 없고 "Bündtnuss"만 나오는 것이 인상적이다.[216] 체들러Zedler는 1732년에 "Alliance, Allianz 또는 Bündniß"를 같은 의미의 정치적 용어라고 기록하고 있는 반면, "Bund"는 1754년에 발간된 증보판[217]에만 실어 비정치적이고 언약 신약적이라고 기술하고 있는데, 이는 이 진영에서 희미하게나마 의미가 부상하고 있음을 시사한다. 1780년의 《독일 백과사전Deutsche Enzyklopädie》[218]에서는 'Bund'의 "일반적인 의미"로 성서적이면서도 주로 "하나님의 계시 단계Stufen der Offenbarung in Gottes Haushaltung"를 풀어주는 언약 신약적 개념이라고 기록하고 있는데, 여기서 장래의 역사·철학적 관점의 징후가 드러난다.

그 외에는 'Bund'가 종종 'Bündnis'와 같은 의미로 언급되지만 거의 드문 경우이다. 포마이Pomay[219]는 Bund/Bündnis를 foedus라고 번역하면서도 "foedus"는 'Bund'라고 번역하지 않고 "제휴alliance, 약정appointement, 평화조약traité de paix, 협정pacte, 합의동맹accord und Bündnis, 결사Vereinigung"로 번역했다. 끝으로 아델룽Adelung은 1774년과 1793년에 'Bund'가 이제는 거의 "시적인 표현"에만 사용되고 "점점 더 드물게 등장하는 반면, Bündniß라는 단어가 보편화되었다"라고 기술하고 있다.[220]

'Bund'라는 단어가 등장한다고 해도 성서에 관련되거나 과거 동맹을 다루는 다수의 역사적 논문 정도에 그쳤고, 기껏해야 스위스의 주州 명칭인 그라우뷘덴Graubünden이나 현재까지 이어지고 있는 스위스의 동맹 이름으로만 존재한다.[221] 즉 'Bund'는 신학 분야를 제외하고서는 아무런 이론적인 요구도 없는 역사적이고 과거와 연관된 개념이 되어버렸다. 이러한 축소 과정은 'Liga'도 피할 수 없었고, 부분적으로는 'Union'도 피할 수 없었다.[222] 마찬가지로 오래된 핵심적인 신분법적 표현인 'Einung'과 'Verein'도 몇 안 되는 역사적 예시를 제외하고는 사라졌다.[223] 'Einung'은 산발적으로 등장하고, 반면 미래지향적인 새로운 표현인 'Einheit'는 아직 제대로 각인되지도 못했다.

이러한 상황은 'Bündnis'와 'Allianz'가 거의 대부분 같은 의미로 정의되는 것과도 같은 맥락이다. 연합을 결성할 수 있는 권리는 "세력가들Potentaten",[224] "권력자Puissanzen"[225]들에게만 제한되어 있었다(한번은 "민족들Völker"[226]에게까지 확대되기도 했다). 체들러는

"전쟁을 치를 자격이 있는" 세력에게만 동맹이 허용되고, "그 외에는 그 누구도 다른 권력자들과 Bündnis나 Allianz를 결성할 자격이 없다"고 했다. 비록 제국법상의 유보 조항은 계속 남아있었지만 연합할 수 있는 자격은 국제법상의 수식어가 되었다. 이에 따라 공격과 방위 연합Offensiv-und Defensivalliancen, 방어와 보호 동맹Trutz-und Schutzbündnisse으로 분류하는 것이 주요 분류 원칙이 되었다. 그는 동맹의 기한에 대해 "동맹은 최고 군주의 마음에 들 때까지, 또는 국가 이성이 요구할 때까지 지속된다"[227]라고 간략하게 말한다. 결국 동맹 자격이 국가에게 주어지면서 "중세에는······ 제국 직속이 아닌 신분들도 주장했던 동맹법이 부패한 폭력 정치"로 그 의미가 격하되었고,[228] 개인들 간에는 "Bündniss"라는 단어를 사용할 수 없게 되고,[229] 옛날 표현인 conjuratio는 "결탁Verschwörung"이나 "공모Zusammenschwörung"의 뜻으로만 사용되었다.[230]

'Bund'와 'Bündnis' 표현을 이론적으로 명확하게 구분하고 비교하는 일은 프랑스혁명 이후 새로운 연방국가적 구조를 받아들이면서 가능해졌다. 독일제국법 이론이 연방국가 이론에 대한 사전 작업을 훌륭히 해낸 것이다.

3. 근대 초기 연방국가론의 이론적 접근

지배와 신분 질서가 겹겹이 얽혀 있는 제국에서는 동맹이 가지는 조직적 장점들이 통합될 수 없었고, 따라서 제국 체제를 "연방적으로föderal" 해석하여 이론적으로 구상할 동기가 거의 제공되지 못했다. 독일제국 체제 역시도 아리스토텔레스에서 유래한 통치 형태에 적응하지 못한 것에서 드러난 것처럼 주권 문제를 적용하지 못하도록 스스로를 차단했다. 그 후 19세기에 연방국가 체제의 선구자로 역사적으로 해석될 수 있었던 요소들이 제국 체제 이론에 드러난 것은 자연법, 혼합 체제 이론 그리고 권력 분립 이론이라는 우회로를 통해서, 그리고 경험적 상황으로 되돌아간 이후였다.[231]

Bund와 Bündnis라는 제도가 봉건 체제에도 얼마나 깊이 자리 잡고 있었는지는 보댕Bodin이 잘 증명해주고 있는데, 그는 자신이 저술한 문헌에서 하나의 장章 전체를 할애하여 "다른 자의 보호 아래에 있는 자들과 동맹자, 이방인, 시민, 그리고 백성의 차이가 무엇인지"를 동시에 묘사하고 있다.[232] 그는 고대 및 당대의 예시를 통해 봉건 영주와 봉신, 보호자(귀족)과 피보호자(평민), 후견인과 피후견인 및 초개인적 정치 단위 간에 가능한 결합 사례를 조사하였다. 이 과정에서 보댕은 동맹foedus, 조합societas, 연합consociatio, 우호 동맹amicitia, 약정sponsio, 후원protectio, 협정pactio 등의 단어를 유연하게 사용하면서 명백히 구별하고자 했다. 그는 이들 다양한 결합 형식이 공화제respublica의 본질과 힘vis에 대해 어떻게 작용하는지를 질문한다. 동맹Foedera은 (동등하든 동등하지 않든) 파트너의 독립을 보장하거나, 또는 공동의 관헌을 탄생시킨다. "하지만 원하는 대로 동맹이 맺어지면 각자 자신의 권력과 높은 지배 권력을 유지하든가 아니면 다른 권력 속으로 들어가 그들의 법과 권리를 받아들이고, 그렇게 그의 신하가 된다."[233] 이로써 모든 연합consociationes과 조합societates들도 국가 내부에서 또는 국가 간에서 정리된다. 국가 내에서 이들 결합은 군주—신하라는 기본 형식에 밀려난다. 역사적 과도기적 형식에 대해 기록한 바도 있지만 보댕은 대외정치적으로 다른 대안을 목표로 한다. 즉 이들 조합societas은 국가 간에 머무르거나 또는 새로운 공화제로 함께 성장한다. 그러면 "보통 여러 공동의 이익과 통치자로부터 하나만 (끝까지) 성장한다."[234] 그는 자신이 내세운 대안의 중요성을 강조하기 위해 이렇게 덧붙인다.[235] "한 명의 제후나 다수의 귀족들로 연맹한 도시국가들이 보증을 서면, (그 국가들은) 하나나 같은 국가로 간주되지만 판단하기가 쉽지 않다Quod si foederatae civitates in unius principis aut plurium optimatum fidem veniant, una et eadem respublica censetur; quod non facile iudicari potest."

그는 이 반명제에 대한 당시의 예시로 스위스와 독일제국을 들고 있다. 스위스는 "조건이나 규약이 매우 상이하고 서로 간에 매우 다르면서, 상호 동맹과 우호 관계를 맺은 20개의 공동 이익집단들에게" 이름만 제공하고 있는데, "……스위스에 여러 지역이 있는 만큼 스위스인들 사이에 얼마나 많은 공동의 이익들이 있는지가 여기에서 드러난다." 그들의 조합과 우호 동맹이 공동의 시민법을 탄생시키지는 않는다. 왜냐하면 "공동의 이익을 만드는 것"은 공동의 의결 기구를 통한 다수결이나 만장일치의 결정도 아니고, "공동의 토지, 또는 공동의 적과 친구, 또는 공동의 돈주머니도 아니며, 백성 위에 군림하는 높은 관헌과 권력이기 때문이다."[236]

독일제국은 상황이 다른데, 군주제에서 "귀족정치Aristocratia"로 전환했고[237] 따라서 (그리스의 동맹처럼) 유일한 공화제로 규정될 수 있다는 것이다. 신분들은 그들 자신의 법에 종속되는 황제를 선출했다. (동맹 형태이기는 하지만) 다수 국가 또는 하나의 국가 중 한 가지를 강제로 선택해야 하는 상황에서는 "연방국가Bundesstaat"라는 이론적인 모델을 생각할 여지가 없다는 것이다. 이로써 그는 그 후에 이어질 모든 논쟁의 방향을 지시해주었다. Bund는 그 자체로는 아무런 국가적인 성격이 없고, Bündnis는 우호 관계나 적 또는 중립인 상대와도 맺을 수 있지만, 동맹을 맺는 자들은 주권을 가질 만큼 강력해야 한다.[238]

여기서 foedus와 societas, 또는 alliance, pacte, ligue를 의미에 얽매이지 않고 번역한 것은 의미론적으로 시사하는 바가 크다. 이들 표현은 각자 자기만의 핵심 의미가 있었지만 독일어로는 'Bund'와 'Bündnis'만으로 번역되었고, 그것도 거의 구별 없이 사용되어 거의 동일한 뜻이 되었다. 봉토법적 그리고 국내 또는 국외 정치적 관계를 구분짓는 것은 보댕에게 어려운 문제였고 — 그래서 그는 모든 "개별동맹ligues particulières, 외부와의 동맹foedera cum exteris"이 국가에 해가 된다고 주장하기도 했다 — 이 관계는 개념적으로 구별되지 못했다. 국법과 국제법의 차이 또는 제국이 정치적 단위로서 그 구성원의 동맹의 자유에 대해 어떻게 대응하는지를 독일어 개념으로 옮기는 일이 쉽지 않았다. 그러나 보댕의 이러한 사항적 질문은 그 후 제국법 학자들을 움직이게 만들었다.

동맹법에 대한 근대 초기의 연구를 통해 많은 체계적이고 개별 사례적인 구별이 가능해졌다.[239] 동맹Foedera의 근원과 목표를 질문 하고, 전쟁/보호/상업 동맹 등으로 구별했으며, 동맹 자격이 누구 에게 있는지, 교황, 이단 또는 이교도들과도 동맹이 허용되는지(이 들에게는 점점 허용되어갔다), 평등한 동맹과 평등하지 않은 동맹이 무엇인지, 강하고, 약한 동맹이 무엇인지, 동맹은 언제까지 지속되 는지, 언제 파기되거나 소멸되는지를 물었다. 동맹의 정당성도 다 양했다. 모든 민족에게 적을 보낸 하나님의 의지로부터 유래되기 도 했고 —"유토피아"에만 동맹이 없다고 한다 — 인간 본성의 결 함에서 생겨나기도 했다. "사람과 사람을 묶는 것만큼, 자연적 동 맹의 유대는 그만큼 강하지는 않다non ita forte est vinculum Foederis Naturalis, quo homo homini tenetur."[240] 동맹은 자연법이나 자연법에 서 파생된 "공동 생활socialitas"[241]에 기초했는데, 결국은 국가 이성 이 이를 요구하기 때문이다. 이런 논의 과정에서 동맹법은 점점 국 가 간의 관계로 축약되었고, 결국 1690년에 로크Locke는 외부 세력 에 대한 "연합권Federative Power"이라는 명칭을 제안하게 된다.[242]

독일제국에는 이처럼 명확한 구분이 어려웠다. 베졸트Besold는 1614년에 "동맹foedus"을 "친교amicitia"(개인 간의 친교동맹foedus amicitiae은 틀린 명칭이라고 했다), "화해pacification", "항복deditio", "조합societas"과 구별하려고 시도했다. 하지만 그는 공격에 저항하는 경우에는 "백성들subditi"에게 동맹권을 계속 허용했다. 그는 그 외에도 상속동맹이나 "보호동맹Clientelare foedus"[243]을 다루었는데, 이는 다른 관점들과 마찬가지로 정당성을 인정받은 보호 및 후견으로서 18세기에 일반 동맹법에서 확고한 자리를 차지할 수 있었다.[244] 영방 군주들이 동맹법을 더욱 독점할수록 제국 체제를 이해하기가 더욱 어려워졌다. 왕정Reinking, Arumäus 또는 귀족정치 Bodin, Bogislaw von Chemnitz를 어떻게 정의해야 하는가에 대해서는 의견이 통일되지 못했고, 신분적 다양성을 고려하여 "혼합된 공화제의 상태de statu reipublicae mixto"[245] 또는 "복합 공화제de re publica composite"[246]와 같은 혼합 형태의 이론이 제시되었다. 이 과정에서 이후의 동맹 개념을 미리 정리해 줄 분류 방식이 등장한다. 볼프Wolff는 논쟁이 된 자신의 《하위의 공화국 상태De statu reipublicae subaltern》에서 영토법jus territoriale을 제국주의 권력과 유사한 형태로 표현했다.[247] "이것은 영토 혹은 최고법이건 간에 당연히 황제임을 말한다. 국가는 각자 자기 영토 안에서 개별적으로 행사되는데, 그것은 황제가 보편적으로 가지는 것과 같은 그들(영방군주들)의 통치권을 말한다Et hinc recte dicitur, Territorii, sive Superioritatis Jus, illud Imperium esse; quod Status in territoriis suis particularibus exercent: aequalis illi Jurisdictioni, quam Imperator habet universim." "하위 국가들이 상위 국가들에 종속된다"는 이 "우등 공화국Superior respublica" 이론은 1661년에 후고Hugo에 의해 확대되었는데, 그는 대권大權Majestätsrechte은, 보편 복지에 관한 것인가 특수 복지에 관한 것인가에 따라 나눌 수 있다고 선언했다.[248] 그러나 이 설명에는 상위 개념이 언급되지 않았다.

라이프니츠Leibniz는 한 걸음 더 나아가 독일 제후들의 "영토 주권superioritas territoriale"을 고려하지 않고 "단순 동맹nudum foedus에서 통일unio"로 가는 길이 가능하다고 선언하면서 — 홉스Hobbes와는 반대로 — 그럼에도 연방Union이 유일한 공화국일 수 있다고 주장했다. 그렇지 않다면 주권은 분리가 불가능하다는 논리적 강제에 의해 독일은 무정부로 정의되어야 한다는 것이다.[249] 이로써 그것을 피하기 위해 늘 새로운 규정이 마련된 그 대안으로 다시 돌아왔다.

라이프니츠의 설명은 일정한 목적을 위해 체결된 한시적 동맹과 다수의 국가들이 지속적으로 "결합한 동맹 체제foedus systema producens"[250] 사이를 나눈 푸펜도르프Pufendorf의 구분과 그리 큰 차이가 없다. 푸펜도르프는 자연법과 국제법에 관한 설명에서 공동 협의체가 전쟁, 평화, 중재 사건 및 동맹에 대한 결정을 내리고, 반면 개별 국가들civitates이 상업, 관세, 형법 및 교회의 권리에 대한 주권을 보유하는 체제를 구상했다. 푸펜도르프는 그로티우스Grotius[251]를 통해 슈트라보Strabo의 '시스템'이라는 개념을 도입해서 보댕Bodin이 내민 도전장을 받아들였다. (현대적으로 말해서) '시스템'은 구성 국가들이 자신의 주권을 완전히 포기하지 않는 국가연합Staatenbund을 의미하는데, 이때 군주는 한 국가만의 군주일 수 있다. 그러나 푸펜도르프의 설명은 보댕보다 역사적으로 더 충실했다. 그는 통상적으로 사용되는 의미에서 벗어나 서서히 진행되는 체제 변천("변화mutatio", "퇴화degeneration")을 시사하는 "힘Kraft"과 "효력Effekt"[252]에 주목하면서 단어의 전승된 개별 의미에 대해 의식적으로 질문했다.[253] 그렇게 해서 그는 1667년에 출간된 유명한 체제 관련 글에서 제국은 더 이상 아리스토텔레스의 개념으로 파악할 수 없다는 결론을 내놓았다. 제국은 군주제도 귀족제도 아니며, (같은 결과로 귀결되는) 퇴행 형태도 아니며, 주권 문제를 괄호 밖에 두는 혼합 공화제도 아니지만, 그렇다고 해서 (현대적으로 말해) 국가연합도 아니라 "정확히 어떤 조직체는 아니나 여러 도시국가들이 맺은 유대 체제neque exacte corpus aliquod aut systema plurium civitatum foedere nexarum"라는 것이다.[254] 오히려 왕정regnum과 시스템systema 사이에서 괴물 같은 비정상적인 몸체로 존재한다는 것이다.

푸펜도르프는 자신이 쓴 두 편의 논박 글에서,[255] 비록 제국 체제가 발전하면 시스템으로 나아갈 수밖에 없겠지만, 자신의 시스템 이론에 제국 체제를 대조시키면서 차별화했다. 제국은 하나의 "계약pactum"에 근거하지도 "동맹foedus"에 근거하지도 않으며, "영원한 동맹foedus perpetuum"[256]도 아니라는 것이다. 이때 번역 과정에서 처음으로 'Bund'와 'Bündnis'의 대조가 성사되었는데, 라틴어에서 복수인 'foedera'는 자주 'Bündnisse'로, 단수인 foedus는 'Bund'로 번역되었다. 제후들이 "Bündnisse"을 체결할 수 있기 때문에 "독일공화국Teutsche Republik"은 "명백한 Bund는 아니라"는 것이다. 제국은 기껏해야 "Systemati sociorum inaequaliter foederatorum"과 유사하다고, 즉 독일어로 말하자면 동등하지 않은 동료들의 "체계적인 동맹에 불과한" 정도라는 것이다.[257] 그러나 푸펜도르프의 '시스템'이 먼저 국가연합을 칭하는 용어로 인정받았기 때문에 이중적 의미의 'foedus'를 'Bund' 또는 'Bündnis'로 구별해서 얻는 의미론적 장점이 활용되지 못했다.[258]

푸펜도르프는 독일제국이 주권 국가 시스템이 될 수 있는 최소 조건까지도 정의했는데, 예컨대 모든 구성 국가들의 체제 형태의 동질성 또는 황제가 "국가 수반Princeps"으로 전환되는 것 등이 그것이다. 이를 통해 푸펜도르프는 법학적 개념성을 초월하는 자신의 역사적−발생학적 사고를 미래에까지 확장시켜 사실성과 기대 가능성을 서로서로 비교해 본 것이다. 그래서 결국 모저Moser는 독일은 "익명의 시스템systema anonyma"[259]으로, "너무나 독일적으로 auf gut teutsch" 통치될 것이라는 체념적인 격언을 남기게 된다.

반면 자연법 학자들의 진영에서는 네텔블라트Nettelbladt가 알투지우스Althusius의 단계적 결합 이론에 근거해서 그 후 소위 국가연합과 연방국가를 포괄하는 모든 조합을 반영하는 일반 사회 이론을 구상하여 획기적인 발걸음을 내디뎠다. 네텔블라트는 여러 공화국들로 구성되어 "이중 정치권력duplex potestas civilis"이 배타적이거나 경쟁적인 관할권을 갖고서 통치하며, 이에 따라 중복적 종속 관계에서 통치되는 "복합 공화국respublica composita"을 묘사하고 있다.

이와 구별되는 것이 우선은 "하나의 조합una societas"만을 구성하는 "공화국의 동맹 또는 공화국들의 시스템foederatae respublicae seu systema rerum publicarum"이다. 그러나 하나의 시스템 안에서는 개별 공화국들도 다시 "동등한 위치에 있거나coordinatae", "결합체conjunctae" 또는 "통일체unitae"가 될 수 있다. Union인 경우에도 주된 나라와 부차적인 나라 간의 불평등한 관계일 수도 있고, 공동의 통치권을 갖고서 "영원할" 수 있는 "평등한 합병unio aequalis"일 수도 있다.[260]

퓌터Pütter는 (푸펜도르프와 함께) 아리스토텔레스의 개념에 앞서 그것이 "단순한einfach" 국가인지 또는 "결합된zusammengesetzt" 국가인지에 대한 질문을 던지면서 이러한 입장을 제국법으로 확대하였다.[261] 이런 의미에서 그는 제국을 foedus perpetuum non temporale으로, 독일어로는 "한시적인 연합이 아니라 영원히 지속되는 결합kein zeitiges Bündnis, sondern eine immer während Vereinigung"으로 정의했다.[262] 그는 "역사와 경험"으로 되돌아가서[263] 제국을 그것의 유일성 속에서 파악하려고 했지만 주권의 주체에 대한 질문은 그와 그의 동시대 사람들에게 계속해서 새로운 불확실성을 야기시켰다. 그래서 스위스, 네덜란드 그리고 그 후 미합중국은, 비록 정치적 행위 능력은 (합쳐진 형태에도 불구하고) 한 국가로 파악되는 제국에서보다 훨씬 크다고 인정하지 않을 수 없지만, 계속해서 주권 국가를 합친 것으로 정의되었다.[264]

한편으로는 — 보댕이나 푸펜도르프에 따라 — 스위스와 네덜란드는 "systemata foederatarum civitatum"으로, 즉 독일어로는 공동의 "강제 권력"이 없는 "동등한 사회"[265]로 함께 결합해야 하나의 국가를 구성하는[266] "결합된"[267] 또는 "하나로 엮은 국체zusammengesetzte Staatskörper"[268]로 정의된다. 이는 1805년에 드디어 괸너Gönner에 의해 "국가 결합Staatsbund"[269]으로 통칭되었다.

다른 한편 제국 체제는 이 개념 하에 들어갈 수 없었는데, 황제와 제국의 제도 하에서는 독립적인 상위 권력만 가능했기 때문이다. 그래서 퓌터Pütter는 다음과 같이 정의한다. "독일은 특수한 국가들로 나뉘어져 있는 제국이지만, 이들 국가들은 공동의 최고 권력 아래에서 조합된 국가의 형태로 통합되어 있다."[270] 헤벌린Häberlin은 독립 국가들의 "물적 연합Realvereinigung"이라고 말했고,[271] 샤이데만텔Scheidemantel은 "강제 권력을 갖는 불평등한 조합(국가로서의 전체 독일조차도 하나의 조합이다),[272] 국가 결합, 통합되지 않은 연방 unio non incorporativa"[273]이라고 말했다. 마지막으로 괸너Gönner는 이런 형상을 국가연합Staatenbund과 대조시켜 국가들의 연맹Verein von Staaten이라고 규정하면서, 종속된 국가 권력이라는 표현은 그 자체로 모순이기 때문에 "일반 국가법의 이상형과는 상당히 거리가 있다는 사실을 인정하지 않을 수 없다"고 했다.[274] "독일은 개별 국가들로 나뉘어져 있는데······ 이들 국가들은 하나의 국가연합 Staatenbund으로 묶여있지 않고 하나의 진정한 국가연맹Staatsverein 으로 묶여있다."[275]

'Verbindung', 'Vereinigung', 'Union', 'Verein' — 드물게는 'Bund' — 라는 표현들은 제국에 대한 설명을 넘어서 포괄적인 목표를 위해 결합된 국가 형태에 대한 이론적인 설명까지도 제공해준다.

이 과정에서 물적 연합Realunion과 인적 연합Personalunion 및 작은 이웃 공화국들이 영향을 주었고, 오랜 제국법적 표현인 'Verein'은 공동의 법을 토대로 한 동등한 파트너들의 '연합Einungen'을 일정 부분 계승하였다.[276] 그러나 이 모든 정의들에서 공통되는 사실은 부분과 전체의 관계가 파악되지 않았기 때문에 연방국가에 관한 도그마를 펼칠 수 없었다는 것이었고, 결국 1801년에 헤겔Hegel은 다음과 같이 말할 수 있었다. "독일의 체제를 어떤 개념 하에 둘 수 있는지에 대해서는 더 이상 논쟁이 되지 않는다. 더 이상 개념화할 수 없는 것은, 그것까지이다."[277]

국가 또는 무정부라는 양자택일의 상황에서 독일이 더 이상 존재하지 않는다고 보여질 수도 있었지만, 제국국가론은 제국의 붕괴와 함께 느리지만 확실하게 연방국가 이론을 고집스럽게 탐색했고 결국 라인동맹이 이 이론의 최초 정치적 시험장이 되었다. 역사의식이 고취되면서 모호한 법적 개념들이 탄생했지만 이들은 경험적으로 해결될 수 있었다. 과거 봉건제에 종속되었던 영방들이 국가성을 획득하는 과정에서 비로소 형식적인 평등이라는 정거장에 도달할 수 있었고, 그곳에서 조약을 통해 연방국가가 성립되었다.

역사철학적 관점에서 사회정치적 조직의 핵심 개념인 'Bund'

프랑스혁명과 함께 Bund 개념은 국제법과 역사철학 분야에서 새로운 의미 공간을 획득

한다. 칸트가 이룬 역사철학적, 초국가적 세계적 관점의 통일은 국가 및 사회 개념에도

소급해서 침투했고, 국제연맹과 국제연합UN 시대에까지도 계속해서 영향을 미쳤다.

CHAPTER IV

'Bund' als Leitbegriff gesellschaftlicher und politischer Organisation in geschichtsphlosophischer Perspektive
IV. 역사철학적 관점에서 사회정치적 조직의 핵심 개념인 'Bund'

●●●   1770년 전후로 독일어는 정치·사회 분야에서 의미론적으로 기록될 만한 문턱을 넘어서는데, 이는 Bund 개념의 역사에서도 드러난다. 구舊 제국의 종말이 가까워질수록 Bund 개념은 세 가지 영역에서 아래의 내용이 점점 더 강조되어 등장한다.

1) 사회 영역에서 Bund는 신분 질서의 해체에 상응해서 새로운 사회적, 사교적 활동의 상징이자 연합 개념이 되었다. 시민사회적 단계에 머무르던 것에서 정치 세계를 상대로 무언가를 요구하기 시작했다.

2) 국가적 영역에서는 연방 구조의 가능한 범위 내에서 — 소독일제국을 설립하는 것에 이르기까지 — 제국을 재편성하는 것에 대한 논쟁이 진행된다.

3) 구舊 제국 질서가 붕괴되면서, 즉 프랑스혁명과 함께 Bund 개념은 국제법과 역사철학 분야에서 새로운 의미 공간을 획득한다.

칸트가 이룬 역사철학적, 초국가적 세계적 관점의 통일은 국가 및 사회 개념에도 소급해서 침투했고, 국제연맹과 국제연합UN 시대에까지도 계속해서 영향을 미쳤다.

단계적으로 설명하자면 Bund의 도발은 제국 내부에서부터 제국 자체를 거쳐 국가 간의 공간에까지 확대되었는데, 이는 중세 후기 이래 특정 체제적인 기본 유형이 계속 살아있거나 이전되지 않고서는 불가능한 일이다. 이는 시간적, 공간적으로 다양하게 전개되는 구조적인 기본 문제로, Bund의 개념사를 통해 표현되고 있다.

1. 초국가적 동맹 개념, 칸트의 국제연맹

어떻게 하면 기독교, 기독교 국가, 유럽연합, 전 세계의 국가들에서 우선은 초영토적으로, 그 다음으로는 초국가적으로, 그리고 마지막으로 전 세계적으로 평화가 보장될 수 있을지는 반복적으로 제기되어온 문제였다. 이와 관련된 프로젝트는 두보이스Dubois에서 포디브래드왕Podiebrad, 설리Sully, 그리고 생 피에르St. Pierre, 펜Penn과 벤담Bentham을 거쳐 루소Rousseau와 칸트Kant, 그리고 그 이후에 이르기까지 하나의 자체 역사를 형성한다.[278] 이들이 제안한 Bund, uniones, confederationes 등의 조직은 일단은 그 당시의 연합Einung, 연맹Bündnisse 또는 종교회의Konzil나 영국의 의회와 같은 체제의 표본에 의존하는 특징을 보인다. 그러나 동시에 이들은 (그

때마다의 힘의 정치의 저의나 속내와는 별개로) 구조적인 공통점을 보여준다. 이들은 언제나 세계를 지배하는 하나의 왕정에 반대한다. 이들은 그 구성원들(제후들이나 국가들)에게 내부적으로는 자유나 통치권을 부여하지만, 반면 외부적으로는 공동으로 평의회 concilia,[279] 의회, 연방 참사원 및 이들의 중재 선고 또는 판결에 종속시켜 이들의 통치권을 축소시켰다. 세력의 차이는 있었겠지만 이를 행하던 강권 집행부는 모든 호전적인 행위를 처벌했는데, 점차적으로 그 대상은 구성 국가뿐만 아니라 터키인, 이교도, 야만인 등 비구성원과 비가입자 그리고 국가연합이 앞으로 합의하게 될 법을 무시하는 자에게까지 적용되었다. 외부에 대한 공동 투쟁을 통해 회원국들 간에 평화가 확보된다면 마침내 전 세계적으로 제외되는 국가가 없이 무한한 평화가 실현될 것이라는 생각이다.

칸트는 영원한 평화라는 가정이 실현 가능함을 증명하고자 1795년에 진지하면서도 반어적인 조약안을 발표했다. 그는 "국제연맹 Völkerbund"을 통해서만 지속적인 평화를 기대할 수 있다며 이 표현을 정착시켰는데,[280] 이는 동맹의 개념사에서 이정표가 되었다. 그는 우리가 "평화동맹foedus pacificum이라고 부를 수 있는 특수한 유형의 동맹이 있어야 하는데, 평화조약pactum pacis은 하나의 전쟁을 끝내기 위한 것이지만, 평화동맹foedus pacificum은 모든 전쟁을 영원히 끝내려 한다는 점에서 평화조약과 구별된다"고 말한다.[281] 칸트는 조직적 자극을 통해 이를 해결하려 하지 않고, 모든 이의 "단합된 의지를 하나로 통일해야만" 평화가 보장된다는 증거를 제시하고자 했다. 이성이 요청하는 바에 따라 민족들은 모든 이의 합법성과 자유를 보장하는 "민족들의 국가Völkerstaat(civitas gentium)"로 뭉쳐야 한다는 것이다. 하지만 칸트가 역사적 경험을 고려해 이성적으로 실제로 도달할 수 있다고 본 최적의 상태는 국제연맹 Völkerbund이었다. 유일한 "세계 공화국Weltrepublik"은 독재와 무정부로 돌변할 위험이 있고, 반면 다양한 언어와 종교는 "지속적인 자유로운 연합", 즉 전 세계적 시민 통합의 "소극적인 대체물"에 해당하는 바로 국제연맹을 필요로 한다는 것이다. 그는 우선은 일반 국가의 법적 절차와 유사한 법적 절차를 통해서 전쟁을 막는 것이 관건이라고 했다.[282] 이렇게 칸트에게도 개별 국가는 (도덕적 인격체로서) 국제연맹을 구성하는 요소에 머물렀다.

프랑스혁명과 제국의 해체로 인한 공백이 새로운 국제 기구를 필요로 하자 칸트의 계획은 새로운 상황에 직면하게 된다.[283] 이 계획은 시기와 결부되어 (바젤조약에 따라) 프랑스와 프로이센 공동 공화제 정부 형식(국가 형태가 아님)에 기초하여 미래 국제 결합의 핵심 nucleus으로 증명될 수 있는 결합을 확고히 하는 것이 목표였다.

이때 Bund 개념은 역사적 경험과 이성과 도덕에서 추론된 미래의 전망을 모아 놓은 일련의 특징들을 획득한다. 연방이 제국을 흡수할 상위 개념이었음에도 지금까지는 연방이 늘 제국보다 작았다면, 제국의 붕괴와 함께 정치적 연방 개념은 명백하게 초국가적인 조직 개념이 된다(스위스, 네덜란드 그리고 미국의 연방국가 시스템 systemata foederatarum civitatum에 기대어). 앞서 주권 문제에서 실패한 국가 이전의 'Bund'는 그 이후 초국가적 의미를 획득한다. 이성에 부합하는 "연방제 이념Idee der Föderalität"[284]이 서서히 모든 국가들에게로 퍼져나가게 되는 것인데, 칸트에 따르면 이는 — 프랑스식 표현 방식에 따라[285] — "자유 국가들의 연방주의에 기초하는 국제법" 속에서 실현되었다.[286] '연방주의Föderalismus'라는 새로운 개념과 더불어 모든 회원국들의 공화주의적 동질성이 동시에 국제연맹의 필요 조건conditio sine qua non으로 간주되었다.

이러한 동맹을 전 지구상에 직접 실현할 수는 없기 때문에, 이는 더 나아가 정언명령kategorischer Imperativ*을 법적으로 이행하면서 유추되는 도덕 규칙으로서 모든 정치를 이성적인 궤도로 이끌고 갈 목표 개념이라는 의미를 획득한다. 이 동맹은 시간적으로 점점 더 가속도가 붙을 뿐만 아니라[287] 공간적으로도 최대의 규모[288]로 충족될 전 세계적 미래 개념이 된다는 것이다. 이렇게 Bund 개념 속에 들어온 역사철학적[289] 요소는 이후 기대의 지평선을 확장시켜 갔다.

역사적으로 말하자면 초국가적 조직으로서 18세기에 수없이 칭송받아온 구舊 제국 모델이 보편 타당성을 요구하는 국제적 법 이론으로 전환된 것이다. 평화가 'Bund'의 정당성 명분이 되었는데, 새로운 점은 보편적인 법의 이름으로 그렇게 되었다는 것이다. 이렇게 생성된 하나의 시각은 칸트의 글에 대한 많은 신간, 번역 및

---

* [옮긴이] 칸트 철학에서, 행위의 형식, 목적, 결과에는 관계없이 그 자체가 선이기 때문에 무조건 지켜야 할 도덕적 명령.

변형[290]이 나오면서 그 이후로 유럽의 국가정책을 비판적으로 동행하고, 유토피아적으로 고취시키고, 때로는 가속화시켰다.

그 이후로는 아마 칸트를 인용하지 않고서 연방주의 이름을 내세워 구상한 평화안은 없었을 것이다. 철저하게 일관된 법적 사고로 동맹 파괴자에 대한 "말살 전쟁Vernichtungskrieg"뿐만 아니라 국제연맹Völkerbund을 위반한 국가들을 말살시킬 것을 요구한 피히테Fichte[291]가 그랬고, 칸트의 역사철학을 역사신학으로 전환시켜서 제3의 시대이자 최후의 시대가 "지구상 국가들의 거대 동맹의 시대"라고 주장한 아담 뮐러Adam Müller[292]가 그랬다. 이 Bund는 그리스도의 유산이며, 신의 계시는 "진실하고 자유롭고 영원한 Bund, 국가들 간의 서약동맹Eidgenossenschaft"에서 절정을 이룬다는 것이다. 여기서 뮐러는 — 칸트의 자연의 간지奸智List der Natur를 변형시켜 — 이를 수행하는 길목에 있는 "정화 장치"로써 전쟁을 끌어들인다. 이렇게 그는 겐츠Gentz[293]에 접근했는데, 겐츠는 칸트의 이성에 대한 가정에는 동조했지만 최초로 경험을 이용해 다시 그에게 반박했다. 그는 혁명가들이 "지구상의 모든 민족을 거대한 세계적 동맹으로 결합시킬 수 있다고 착각하고 있으며, 사회를 뒤흔들고 서로 갈라놓은 가장 끔찍한 세계대전을 일으켰다"고 말한다. 겐츠는 모든 동맹은 적을 만들고, (허상의) 세계 평화 국가에서 (필수불가결한) 집행 권력이 새로운 형태의 전쟁을 야기할 뿐이라고 말한다. 그래서 겐츠는 법을 가능한 한도까지 축소시키고, 18세기의 "개별 동맹Separatbündnisse"을 다시 이용해서 균형된 형태의 "자연적인 유럽 연방 체제die natürliche Föderativverfassung von Europa"를 구축하는 것이 평화 보장을 위한 정치적 최선이라고 보았다.

("프로이센–북독일제국동맹preußisch–nordischer Reichsbund"[294]과 나폴레옹의 라인동맹이 실패한 이후에) 수많은 동맹안 중에서 최초로 "실현"된 것이 1815년의 독일연방Deutscher Bund과 신성동맹Heilige Allianz이었는데, 겐츠가 모든 평화 보장에 필요한 집행 권력과 관련해서 단언했던 것처럼, 이들 동맹에서는 "주主 세력이 일종의 연방 독재를 행사했다."[295]

이때부터 Bund 개념은 정치적 차원에서 국가연합이나 연방국가의 법적 구별을 요구하거나, 또는 사회적인 차원에서 (국가 내에서 그리고 초국가적으로) 크든 작든 간에 국가의 정치에 영향을 미치는 조직의 명칭이 되었다. 1848년 이래 민족 시민 국가들bürgerliche Nationalstaaten이 독립적으로 수립되면서 독일에서 Bund는 초국가적인 조직 개념에서 밀려났다.

2. 종교적 기대 개념에서 사회적 조직 개념으로

동맹을 맺은 독실한 형제 공동체의 종교적 공간을 형성하던 동맹 개념이 그 다음 세대에서는 "애국심을 일깨워주는"[296] 개념으로 옮겨가면서 새로운 가치를 획득한다. 이미 역사적으로 빛바랜 건조한 법 개념은 경건주의 경험으로 인해 감정적으로 충전되었고, 언약 신약적 요소[297]는 기대의 지평을 종말 신학으로, 묵시록으로 넓혔다. 이때부터 'Bund' 속에는 작은 종교 집회에서부터 인류 전체에 이르기까지, 그리고 인류의 세계사적 목표에 이르기까지 치유에 대한 기대를 담을 수 있었다. 이때 종교적 헌신에서 인도적이고 애국적인 감정으로 성격이 바뀌면서 동맹의 의미론적 위치는 서서히 변화되었고, 여기에 힘입어 "마을Gemeinde"이, 그 이후에는 "지역 공동체Gemeinschaft"가 결성되었다. 이런 의미에서 1825년에 에르쉬/그루버Ersch/Gruber는 "Bund라는 단어는 고유한 우리 언어이며 다른 언어에는 유의어가 없는데, 기껏해야 중세 라틴어에 conjuratio가 있고 프랑스어에 fédération 정도가 있다. 하지만 우리나라에서는 일종의 치유의 뜻을 갖는데, 아마도 루터의 성서 번역을 통해 신과 민족 간에 맺어진 계약의 의미가 되었기 때문인 것 같다"라고 말할 수 있었는데, 이는 영향사적으로는 딱 들어맞는 말은 아니지만 경건주의 이후의 시기에 대해서는 정확한 분석인 것 같다.[298]

예컨대 클롭스톡Klopstock은 1767년에 가장 고귀한 왕자에게 기독교 "민족 군대"를 결성할 것을 간청했다. "이미 국민들은 떨고 있습니다. ……이제 더 이상은 안 됩니다! 사악한 자들, 제단에 있는 저들 형상까지 소멸시켜야 합니다! 밝게 비치는 동맹의 성배여! 서둘러야 합니다! 성가대여, 승리의 환호를 울려라!"[299] 여러 종교적 동맹 경험이 점점 정치적 정서로 채워지지만 종교적 개념은 포기되지 않았다. 예컨대 같은 해에 라바터Lavater는 스위스인의 단결을 다음과 같이 노래했다.[300] "……형제여! 형제여! 아름다운 이름이여! 동맹이여 영원하라! 함께 손에 손을 잡으세나! 단결! 너는 얼마나 아름다운가!" 수없이 자주 반복되어 독일의 민족 감정에 호소하게 될 실러Schiller의 《빌헬름 텔》에 나오는 시구도 이런 경건한 분위기의 심층에서 나온 것이었다. "새 동맹의 서약을 맹세하세나. 우리는 형제들의 유일한 민족이고자 하네……."[301] 구舊 동맹을 통해 신新 동맹을 더 강하게 하자는 것이다.

이제부터는 조국을 위해서만 동맹이 체결되지 않았고, 계몽주의와 프랑스혁명 시대에는 동시에 개인적 영역과도 결부되어 성장하면서 전 세계적으로 뻗어나갈 수 있었다. 소위 "삼림파森林派Hainbund*"(1772)가 결성된 이래로 우호동맹Freundschaftsbund[302]이 증가했고, 특히 그 속에서 발견된 언어는 스스로가 세계시민으로 결합되어 있다고 여기면서 당시 형성 중인 시민국가의 정신적 풍토를 보여준다. 그래서 1790년대 초에 헤르더Herder는 바스티유 감옥의 습격을 이렇게 노래했다. "7월 14일 / 그대는 인류이어라. 동맹의 축제와 함께 동시에 세례 받으라. / 새로운 종種을 축성하라, 모든 과오로부터 축성 받으라."[303] 현세적—종교적 예언, 즉 (마찬가지로 헤르더가 말한 것처럼) "모든 교양 있는 민족들을 연합"하게 하는 바로 그 "인도주의" 동맹[304]이 실현되는 것처럼 보였는데, 생 피에르St. Pierre는 "내각이나 궁정의 정식 동의를 얻는 것보다 이 민족들의

* [옮긴이] 18세기 독일에서 자연을 숭배하고 질풍노도Sturm und Drang 경향을 띤 문학 단체.

조용한 동맹이 앞서 결성될 것"이라고 말한다.[305] 'Bund'는 현세적-종교적 임무 또는 고유한 구원에 대한 기대를 완수하는 확장 가능하고 다양한 구성을 가진 개념이 되었다. 이렇게 직접적인 영향은 벵엘Bengel과 외팅어Ötinger가 이끄는 슈바벤의 경건주의 진영에서 출발해 (슈투르차Sturdza 부인과 "영원한 동맹"[306]을 체결한) 융-슈틸링Jung-Stilling, 폰 크뤼데너 부인Frau von Krüdener과 아담 뮐러Adam Müller를 거쳐 스스로를 "신성神聖"이라고 칭한 세 군주의 "동맹Allianz"에 이르기까지 이어졌다. 세 기독교 민족들이 정의justitia, 사랑caritas 그리고 평화pax라는 오랜 이름을 내걸고 유일의 기독교 민족으로 신비롭게 하나 되어 (알렉산더대왕이 표현한 대로) 새로운 (제3의) 시대를 열어야 한다는 것이다. 메테르니히Metternich에 의해 수정된 최초본과 그의 정책에 의해 이 동맹은 곧 이데올로기를 조종하기 위한 도구로 변질되었다. 결국 "신성동맹Heilige Allianz" 결성을 위해 노력하던 자들조차도(비록 "국제신성동맹Heilige Allianz der Völker"[307]을 결성하려는 자들이기는 했지만) 이들을 비판할 정도였으니 그 다음 세대에는 '신성동맹'보다 더 이데올로기 비판을 받은 개념은 없었을 것이다.

그러나 동맹 개념 자체도 사회적으로 여러 분야에서 다양하게 나타나고 정치적으로도 대립되어 다른 진영끼리 서로 비난하는 강도가 높아진다. 특히 동맹에 숨어있는 종교적인 의도가 정치에 이용되어 팽팽한 긴장을 유발했고 서로서로를 비난했다. 즉 정치적으로 이용될 때에는 종교적이라는 비판을, 종교적으로 이용될 때에는 정치적이라는 비판을 받았는데, 사실 비평가의 주관적인 태도에 따라서 종교적인 것과 정치적인 것은 서로 뒤바뀔 수 있었다. 따라서 종교적인 것에서 비롯된 연방 개념은 계속 양면적인 성격을 지녔다. 이때부터 연방 개념에는 이데올로기적인, 최소한 이데올로기화될 수 있는 요소들이 수반된다. 어쨌든 이 요소들이 부활하는 시간이 빠르다는 것은 시민-민족 사회가 형성되고 있음을 시사하는 지표였다.

아델룽Adelung이 1774년과 1793년에 Bund라는 단어가 시적인 문체 외에는 쇠퇴하고 있다고 기록한 이후에[308] 캄페Campe는 1807년에 "**Bund**esfest, **Bund**esfreund, **Bund**esmahl" 그리고 그가 자신의 글에서 직접 사용한 **bünd**isch 등 11개의 (일부는 추정되는) 새로운 복합어를 제시했다.[309] 그러나 그 다음 해에 뮐러Müller는 "비록 희미하기는 하지만 Bund라는 사고가 오늘날 모든 사람들의 정서 속에 있다"라고 장담한다.[310] 그 외에도 에른스트 모리츠 아른트Ernst Moritz Arndt는 1814년에 "Freimaurer,* Illuminaten,** Rosenkränzler, Klubbisten, Assembleisten, Ressurcisten, Museisten, Casinisten"와 같은 결사에 저항하여 "축성, 서명 또는 비밀 없는 독일 사회"를 독일 민족만으로 창설하자고 요청했다. "이러한 사교, 단체 또는 조합에 대한 우리 민족의 유쾌한 정서와 욕구는 아주 예로부터 비롯한다.

---

* [옮긴이] 프리메이슨 비밀 결사.
** [옮긴이] 광명파. 계몽주의 시대에 설립된 비밀결사로 라틴어로 '계몽하다', '밝히다'를 뜻함.

독일인은 모든 것에서 함께하고자 하고, 자신의 존재를 모든 것에 포함시키려 하는, 진솔하고 모임을 즐기는 사람들이다."[311]

　"종교적" 구원이나 계시의 내용을 완전히 삭제하지 않은 상태에서 종교적 기대의 개념에서 사회적 조직 개념으로 이전되는 과정은 세 단계로 설명될 수 있다. 지난 2세기 동안의 문예회, 신분 간의 우호동맹, 협회 및 기사단들은 Bund라는 표현을 사용하지 않았다. 마찬가지로 1784년에 카를 프리드리히 바르트Carl Friedrich Bahrdt 가 "신의 제국Reich Gottes"을 실현하기 위해 계몽작가들의 박애적 "이익단체Interessenverband"의 취지로 설립한 "독일협회deutsche Union"도 이 표현을 사용하지 않았다.[312] (준)종교적 기대와 세속적 조직이 새로 발견된 동맹 개념 속에 합쳐진 것은 제후동맹의 도전을 받고 난 후인 것이 분명해 보이는데, 예컨대 바덴의 카를 프리드리히왕은 독일 "학자동맹Gelehrtenbund"을 제후동맹과 나란히 두어 이 동맹의 사회적 대응물 역할을 하게 하려 했다.[313] 이러한 과정은 뫼저Möser와 요하네스 폰 뮐러Johannes von Müller에게서 확인된다. 뫼저는 1780년에 이들이 잘 화합할 것 같은 징후를 알아차리고 근대 독일제국사의 기본 문제를 저술했다. 그는 1495년 영방평화조약Landfrieden이라는 "성공한 동맹glückliche Konföderation"에서 그 역사가 시작된다며, 이것이 "새로운 시스템"의 시작이며 이때부터는 개선되거나 나빠지는 일만 남아있었다고 말한다. "연방 형식은 새로운 제국 형식"이 되었고, 그는 그 속에서 통일을 이룩할 수 있는 "완전한 제국사"의 실마리를 발견했는데, 이는 "유일무이하게 제국 통일의 자연사 속에만 존재할 수 있는 것이었다."[314] 제국 역사를 뒤돌아보면 미래를 결정하게 될 관점들이 제국 말기 무렵에 전면에 부상한다. 제후동맹과 함께 동맹은 신분-영토적 연합 개념에서 국가적 연합 개념이 된다. 달베르크Dalberg가 "독일의 동맹der deutsche Bund(즉, 제후동맹)이 황제와 나라 전체의 동맹이 되는 것"에 기대를 걸었던 것처럼 말이다.[315] 1787년에 요하네스 폰 뮐러 Johannes von Müller는 뫼저가 요청했던 일을 시행하려고 시도했다.[316] 즉 제국의 역사를 법적으로 기술하지 않고 지금까지 제국의 (그리고 유럽의) 모든 "위기"를 극복해온 "도덕적 그리고 정치적" 결합의 역사로 기술하고자 했다. 그는 제국 체제의 시스템과 유럽의 균형이 서로 맞물려 있어 제국이 자유를 방어하는 장소로서 시스템을 안정시킨다고 보았다. 제후동맹의 임무도 여기에 있으며, 제후동맹이 "제국의 의무"의 하나라고 보았다. 이 과정에서 뮐러는 궁정에 호소하지 않고 "민족"과 "일반 대중"에게 호소했는데, 이는 이들의 이름으로 동시에 우리도 마침내 "우리는 하나의 민족입니다!"라고 말할 수 있도록 철저한 제국 개혁을 제후동맹에게 요구하기 위해서였다. 독일인들은 한 명의 통치자에 의해 지배되는 것도, "민주적으로 사는 것"도 원치 않기 때문에, "잘 정돈되고 적절한 자유 속에서 전진하는 연방 공화국의 이상"을 추구해야 한다는 것이다. 그러나 얼마 지나지 않아 "신의 뜻에 따른 뮐러의 애국심"은 스스로에게서 실망스런 모습을 발견한다. "가장 희망적이고 최고의 개선의 여지가 있는 세기에 맞겨졌던 이 동맹"은 자신에게 부여

된 기대에 부응하지 못했다.[317]

뮐러에게 있어서는 연방 개념이 아직도 제국의 신분제에 따라 구상되었고, 다만 그가 바라는 내용이 제후들의 비호 아래에서 교양 있는 시민에게 유리하도록 변화된 것이었다면("제후의 권력"과 "국민의 자유"는 공존해야 한다),[318] 그 다음 단계인 나폴레옹 지배 하에서는 국가가 용인하는 조건 아래 국가적 목표를 가진 사회적인 자기 조직 개념이 되었다. 이렇게 동맹 개념은 혁명적 단체들의 반대 개념이 되었는데, 그럼에도 불구하고 그들이 강조하는 내용은 받아들였다.[319]

1807년에 하르덴베르크Hardenberg가 "군주제 정부에서 민주주의 원칙Demokratische Grundsätze in einer monarchischen Regierung"이라는 정책을 발표했을 때 그는 "자코뱅주의자들Jacobiner의 생각과 유사하게 무자비한 수단이 없이도 최대의 효과를 낼 수 있는 동맹, 특히 동맹 구성원들의 이익을 여러 형식으로 끌어들여 이를 달성"할 수 있는 동맹을 염두에 두었다.[320] 이런 요청에 대해 1808년에 프로이센의 애국자들은 (국가의 승인을 받아) "공공선행실천협회의 규약, 또는 윤리-학문협회 규약Verfassung der Gesellschaft zur Übung öffentlicher Tugenden, oder des sittlich-wissenschaftlichen Vereins"을 발표하면서 대응했다.[321] 스스로를 "건실한 독일인 협회Gesellschaft deutscher Biedermänner"라고 미화한 것에서 알 수 있는 것처럼 이 소위 "선행동맹Tugendbund"은 교육열을 갖춘 상류층 지식인들의 결합으로서, 스스로를 "애국자"인 동시에 "세계시민"으로 이해했고,

신념에 철저하고, 풍속을 감독하며, 무엇보다도 비정치적인 우국충정에 열을 올렸지만, 결국은 이런 열성뿐만 아니라 조직이 지나치게 확장되면서 실패하고 말았다(1809년에 금지되었다). 이를 계승한 "독일동맹der Deutsche Bund"[322](1810)은 회원 수가 적고 느슨했지만 보다 더 효율적이었는데, 이 독일동맹에서 대학청년회Burschenschaft(프리스Fries는 이를 "청년동맹국가Jugend-Bundesstaat"라고 칭했다)[323]와 의용병Freischar이 탄생되었고, 결국 1813년에 해체되었다. "독일동맹der deutsche Bund"은 의식적으로 라인동맹에 저항하며 프로이센-공화국적 성격을 지녔는데, 이런 성격은 (아른트의 발기로) 1814년에 라인헤센 지역에 형성된 "독일협회Deutsche Gesellschaft"[324]에서 더 두드러졌다. "호프만동맹Hoffmannscher Bund"도 같은 유형으로, 당시 형성되던 독일동맹에 의식적으로 저항하면서 (그리고 1815년 5월 22일자 프로이센 헌법 공약과 관련하여) 마찬가지로 "독일동맹Teutscher Bund"이라 칭했다.[325] 이 협회는 프로이센이 나폴레옹에 저항해 싸웠던 1815년에는 호의적인 시선을 받았지만 곧 지하로 밀려났다.

"절대주의자들의 협회Verein der Unbedingten" 또는 (처음에는 외국어 명칭이었지만) "암흑협회Verein der Schwarzen"도 이렇게 지하에서 느슨한 비밀 조직으로 탄생했다. 이로써 세 번째 단계에 도달했다. 학생들 사이에서 생겨나 학생 단체에 침투한 이들 협회는 스스로를 앞으로 구성될 자유주의-공화주의 제국 체제의 핵심으로 보았다. 그 이후로 Bund의 개념사는 국법 영역과 정치 경찰의 감시를 받는

(비밀스런) 사회 영역으로 양분되어 전개되었다.

비밀협회들의 동맹 개념은 세 가지 특징적인 기준으로 분류된다. 우선 이들 동맹은, 종교적 확신이 변형된, 신념의 개념이다. "자유로운 신념을 찾아가는 길에서 행위의 표준"을 발견한 것이다.[326] "이들은 진정한 기독교적 신념을 갖고서 죽음을 두려워하지 않는 위대한 동맹으로서, 어리석고 경직된 세상을 뒤집어서 타락과 부패에서 구하는 일이 그리스도의 행동을 본받은 행위, 사랑하는 형제들을 위한 희생을 통해서만 가능하다고 믿었다."[327] 기센흑건단 Gießener Schwarze*에게는 — 미리 목사 없는 만찬을 즐기면서 — 자유 공화국과 교회의 통합이 동시에 이루어졌다.

종교적인 것에 방점을 두었기 때문에 Bund라는 개념은 스스로를 '결사Vereinigung', '연맹Verein', '협회Gesellschaft' 또는 '결속Verbindung'이라고 칭한 연합체들에도 통했다. 알프 폴렌Alf Follen은 "독일 청년 대大동맹의 돔Dom des großen Bundes deutscher Jugend"이라는 은유적 표현을 사용했는데[328] 그가 이 표현 대신 '연맹Verein' 또는 '협회Gesellschaft'라고 했더라면 진부하게 들렸을 것이다. 게다가 이 용어들은 경찰법으로 규정되어 있어서[329] 반드시 설명이 필요했고, 반면 'Bund'는 — 종교적인 의미가 숨어있기 때문에 — 자기 책임적인 개념으로 보였다.[330] 또한 Bund는 언어적 간결함으로 인해 너무도 쉽게 일상적인 정치 용어가 되었다.

---

* [옮긴이] 19세기 초 기센에서 일어난 급진적 민족주의 및 공화주의적 초기 부르셴샤프트(청년회) 운동.

두 번째로 'Bund'는, 프리메이슨 결사의 전통을 이어받아, 역사 철학적으로 계획한 목표에 도달할 수 있는 수단이 되었다. 빌헬름 스넬Wilhelm Snell은 1814년에 벨커K. Th. Welcker에게 "동맹은 한 민족에게 가장 결여되어 있는 안정성과 통일을 가져다줄 수 있는 수단일 뿐이다"[331]라고 서술했다. 또한 카를 폴렌Carl Follen은 "동맹가歌"에서 "자유동맹이여, 그대가 사는 시대에, 그대의 민족들에게, 용감하게 자유의 깃발을 펼쳐라!"[332]라고 외쳤다. 동맹은 제국에게 공화국 체제를 마련해주는 도구이지만, 그 체제가 도입된 이후에 스스로는 불필요한 존재가 되어버린다. 동맹은 비非연방 체제를 창조하기 위한 정치적 도구였던 것이다.

여기에 세 번째 기준이 숨어있다. 동맹은, 빌헬름 스넬Wilhelm Snell의 구상에 따르면, "반드시 세 개의 계급"이 필요한 조직이 되었다. 즉 우선 비밀스런 내부 구역이 그 한 계급인데, "중산층 정도만…… 그만큼 성숙하며", 그 다음으로 모든 신분이 접근할 수 있는 개방된 연맹Verein이 있는데, 이곳은 외부로 작용하는 플랫폼 역할을 한다. 그리고 마지막으로 끌어안아야 할 "국민 전체"가 있다.[333]

이로써 — 비밀 시민 조직[334]을 억압한 이후에 — 30년대 이후 외국에서 망명 지식인과 노동자들로 형성된 비밀동맹까지 생겨날 정도로 특징적인 구조적 모델이 형성되었다.[335]

1834년에 "독일민족협회deutscher Volksverein"가 파리의 지하로 피신해야 했을 때 회원들은 이렇게 결의했다. "우리는 어떠한 조건에서도 동맹 회원으로 남는다."[336] 이렇게 해서 "추방자동맹Bund der Geächteten"이 탄생했고, 여기에서 1838년 "의인義人동맹Bund der Gerechten"(정확한 명칭은 "정의동맹Bund der Gerechtigkeit")이 분리되었다. 두 동맹 모두 낮은 신분의 수공업자와 노동자 조직이 스스로를 칭한 명칭이었는데, 이들도 마찬가지로 처음에는 하나의 독일공화국을 목표로 하면서도 사회적 평등을 요청하고, "인류의 대가족동맹großer Familienbund der Menschheit"이라는 최종 목표를 겨냥하였다(바이틀링Weitling).[337] 마르크스와 엥겔스는 1847년 "의인동맹Bund der Gerechten"에 가입하면서 "공산주의자 동맹Bund der Kommunisten"으로 이름을 바꾸었다. 그 후로는 애초부터 국제적 결합이었음을 주장하였다. 구상Entwurf이라고 표현했던 것을 규약Statut으로 바꾼 것은 정치에 집중하겠다는 것을 암시한다. 여기에는 동맹 개념의 역사철학적이고 조직적–계획적 요소들이 전부 뒤엉켜 있었다.[338] 처음에는 단순히 해방을 위한 동맹이었던 것이 이제는 정치적 권력 장악을 위한 도구가 되었다. 이로써 'Bund'는 경직되고 중앙에서 조종되는 조직을 상징하는 총괄 개념이 되었고, 외부적으로는 앞으로 형성될 정당을 대표해 —"아직까지 공산당은 구체적인 정당이 아니었기 때문에"[339]— 노동자동맹에 침투해야 했다. 그 결과 동맹 내에서 행한 "공산당의 신념 고백kommunistisches Glaubensbekenntnis"이 "공산당 선언Manifest der kommunistischen Partei"(1848)이 되었다.[340]

1850년에 "특수동맹Sonderbund"이라는 이유로 배척되었던 "노동자형제회Arbeiterverbrüderung"에게 추월당하자[341] 동맹 본부는 "동맹은 공식 민주주의자들과 나란히 독립적인 비밀 공식 노동당 조직을 창설하고, 모든 지역을 노동자협회의 중점과 핵심으로 만들도록 힘써야 한다"[342]라고 호소했는데, 이처럼 'Bund'는 ― 1852년에 망명지에서 "공산주의자동맹Bund der Kommunisten"이 완전히 붕괴될 때까지 ― 불법 지하 활동에서부터 국가와의 투쟁을 거쳐 정당으로서의 공공성을 획득하기까지의 과정을 보여주는 한계 개념이 되었다.

1850년대와 60년대에 전반적으로 '당Partei'이라는 표현이 '동맹Bund'이라는 표현을 밀어낸 만큼 'Bund'는 이익단체나 초당적으로 조직되는 '협회Verbänden'의 명칭으로는 자유롭게 사용되었다.

라살레주의자들Lassalleaner과 마르크스주의자들은 1863년에 "연맹Verein"으로, 1869년에는 "당Partei"으로 결합했고, 최초의 국제적 단체는 1864년에 번역이 필요 없을 만큼 이해하기 쉬운 명칭인 "국제노동자협회Internationale Arbeiter-Association"를 사용했다. 이때부터 'Bund'는 보수 진영으로 밀려나 "독일농업인동맹Bund deutscher Landwirte"과 같이 직능 단체를 칭하는 명칭으로 사용되었고,[343] 반면 마르크스주의 진영에서는 1897년에 "러시아 및 폴란드 주재 일반 유대인노동자동맹Allgemeiner Jüdischer Arbeiter-Bund in Rußland und Polen"에 단 한 번만 등장해 짧게 "동맹"이라 불리면서 좌우로부터의 공격에 시달렸다.[344]

3. '국가연합'에서 '연방국가'로(1806~1871)

국가법적, 그리고 국제법적 표현인 'Bund' 개념의 역사는 법적인 개념 정의의 역사이기도 하다. 전해 내려오는 문헌상의 표현들이 좋은 길라잡이가 되지만[345] 사실 '연방국가Bundesstaat'와 '국가연합Staatenbund' 조차도 분명한 구별이 이루어지지 못한 채 계속해서 정의가 필요한 단어로 남아있었다. 특정 개념에 대한 법적 입장 뒤에는 — '민주주의' 혹은 '군주제'와 비슷하게 — 체제 용어를 정치적 투쟁 개념에 접근시킨 소위 정치 세력이나 구도가 숨어있기 때문이다.

그 이후 Bund 개념의 정치적 위치는 역사 발생학적, 그리고 역사 철학적 기준선에서 읽어낼 수 있다. 산업화를 경험한 세상에서 아리스토텔레스의 체제 유형론으로 최상의 체제를 위한 투쟁을 제대로 파악할 수는 없는 노릇이다. 사방에서 변화를 유발하는 요인들이 체제 개념 속으로 들어와 변화하는 사회적 세력에 적응할 것을 요구했고 — 19세기 국민국가Staatsnation* 내에서 — 최상의 정치적 행동 단위를 탐색하는 일을 지휘했다. 독일어권에서는 '국가연합Staatenbund'과 '연방국가Bundesstaat'라는 단어 구성이 이런 특징을 가장 잘 보여주는데, 이들 단어가 융통성 있게 분류되거나 또는 반명제로 사용된다는 사실은 체제에 큰 변화가 일어났음을 시사한다.

---

* [옮긴이] 국민의 의지에 기초한 국가.

슐라이어마허Schleiermacher가 1814년 3월에 〈다양한 체제 유형의 개념에 대하여Über die Begriffe der verschiedenen Verfassungsformen〉라는 제목으로 학술 강연을 했을 때에 이미 그는 당연히 변화를 전제하고 있었다.[346] 그는 아리스토텔레스의 체제 유형을 민주주의에서 귀족정치를 거쳐 왕정으로 이행하는 역사의 발전 단계로 보았다. 동시에 그는 근대의 권력 분립 이론을 통해 기존의 세 가지 유형을 구분하고, 각 유형들을 역사적으로 다른 지배 방식으로 분류해냈다. 이때 그의 방법론적 가정은 "이들 개념의 내용을 미리 주어진 것으로 다루지 않고 발생학적으로 파악"하는 것이었다. 역사적 접근은 동시에 역사철학적 구상으로, 스스로가 처한 상황이 "더 상위의 질서를 가진 공화국, 즉 연방제 국가"를 요구한다는 것이다. 그 속에서 "민족의 단일성은 개별 국가에서 파견된 자들의 대표 회의"를 통해 표현된다는 얘기다. 그러나 "상위의 원칙이 어느 곳에서도 순수한 기관을 가지지 못하는 한 전체는 흔들리게 된다." 왜냐하면 이 전체가 "불평등하게 형성되고 특정 한계선까지 독립적인 부분으로 구성되는 (연방)국가여야 하는지, 또는 연방국가가 아닌 국가연합, 즉 서로의 견해가 너무나 상반되지 않는 한 여러 국가들의 모호한 결합에 불과한지" 미확정이기 때문이라는 것이다. 그는 이러한 안티테제의 해답을 "군주제 형식"이 국민의 입헌적 조직과 조화를 이루는 "최고의 규범을 가진 미래 국가"에게서 기대했다. 이렇게 슐라이어마허는 역사철학적 시각과 역사적 문제 제기를 융합시켰고, 이로써 연방 체제의 개념사까지도 정치적 성찰 속으로 끌어들였다.

법률 문서에서 상태를 정의하기 위해 사용된 표현들을 역사적으로 분류하면 운동 개념이 된다. 여기서 세 가지 역사철학적 입장을 추려 낼 수 있는데, 이들 입장이 정치 집단과 완전히 일치하지 않기 때문에 언어로 표현될 때에 그 의미가 매우 모호해진다. 우선 연방국가 Bundesstaat의 대립 개념으로 국가연합Staatenbund(또는 Staatenverein)을 선택하는 방법은 연방 체제의 중앙집권화와 국가화에 저항해서 싸우겠다는 입장이다. 이런 선택은 보수주의자와 연방제 민주주의자들이 선택했다. 이들은 국가연합이 극복해야 하는 최선의 체제가 연방국가라고 정의하려는 — 두 번째 입장에서 추진했던 — 운동을 저지하고자 했다. 주로 진보적인 시민계급이 이런 입장이었고, 프로이센의 패권을 대변하는 자들도 이런 입장이었다. 마지막으로 세 번째 입장은 — 슐라이어마허처럼 — 역사는 국가연합에서 시작해 연방국가를 거쳐 통일된 민족국가로 진보한다고 보고, 이런 진보를 추진하는 것이 자신의 임무라고 보는 자들(국가주의자, 공화주의자 또는 사회주의자)이었다. 달리 표현하자면, 국가연합이 가능한 최선의 통합이었거나, 아니면 연방국가 또는 둘 모두가 연방을 해체하고 통합으로 나아가는 과도 단계였을 뿐이라는 것이다. 비록 민족국가를 위한 투쟁은 1815년 독일연방 체제를 희생하면서 진행되어야만 했지만, 전 세계적인, 초국가적인 연방 계획은 세 가지 입장 모두에서 이끌어낼 수 있었다.

Bund 개념은 그것이 사용된 역사철학적 관점에 따라 다른 가치를 지니고 있었다. 이 개념은 정치적 대립 구도를 정리하고, 발전을 추진하거나 저지하는 투쟁 개념이 되었다. 세 가지 입장 모두 19세기 전체에 걸쳐 대두되었지만, 용어상 아무런 문제없이 국가연합으로부터 연방국가로의 전환이라고 표현할 수 있는 추세가 제도사적 측면에서 전체 당파에 걸쳐 형성되었다. 이런 점에서 Bund라는 표현의 개념사는 구조적인 변천을 시사한다. 이에 대해서는 세 가지 특징적인 경향이 나타난다.[347] 첫 번째로 그 구성 국가들을 희생시키는 연방 권력의 강화가 그것인데, 이렇게 강화된 권력은 국가연합을 1815년부터 1860년대에 위기를 맞을 때까지 — 순수하게 개념 정의상으로만 보더라도 이미 — 연방국가로 내몰았다. 두 번째로 이와 결부되어 나타난 것이 경찰법 또는 상업법 등과 관련된 공통의 법률과 제도의 증가이다. 마지막으로 새로운 정당성으로서 국가적이고 민주주의적인 토대가 1815년에 형성된 독일연방에 침투해 1848년에는 국가연합을 잠정적으로 폭파시켰고, 1867/71년에는 최종적으로 (협의의) 연방국가로 전환시켰다. 모든 기준에 공통된 사항은 연방이 점점 더 국가화되었다는 것인데, 이는 연방국가 Bundes-Staat라는 개념으로 표현되었다. 프로이센이 패권을 잡는 "군주제 연방국가monarchischer Bundesstaat"가 프로이센-오스트리아의 이원주의가 해체되는 방법을 통해서만 이룩될 수 있었다는 사실은 역사적으로 단 한 번뿐이었던(그래서 독일어로도 한 가지 용어로만 불리는) 국가화Nationalisierung와 산업화Industrialisierung의 구조적인 문제를 보여준다.

사전에서 확인해보면 '국가연합'과 '연방국가'라는 표현은 19세기 초 20년 동안에 서서히 그 사용이 증가했고 대략적으로만 설명이 덧붙여져 있다. 1793/1802년 아델룽Adelung 사전에도 1817년 브로크하우스Brockhaus 사전에도 이 단어들이 실려있지 않다. 캄페Campe는 1807년에 "Bundesverein" 또는 "Bundesvereinigung"을 신생 단어로 "여러 개인 또는 국가를 하나의 동맹, 하나의 전체로 묶은 연맹, 결합"이라고 간략하게 정의했다.[348] 그는 1810년에는 "국가연합Staatenbund"이라는 단어를 사용했는데, 모호하기로는 비슷하지만 "하나의 목적을 가진 여러 국가들의 동맹, 결합"으로 설명하고, 전통적으로 그리스의 동맹에 해당하는 "Staatenverein"과 같은 의미라고 설명했다.[349] 1827년에 비로소 브로크하우스가 자주 인용되는 특징을 이용해서 이 두 표현을 구별했다. "연방국가Bundesstaat(Union)는 여러 국가를 하나의 전체로 결합한 것이다." 모든 부분(구성 국가)들은 "공통의 국가 권력에" 복종해야 한다. 여기에 "대치되는 것이 국가연합Staatenbunde(Föderation)인데, 이도 역시 여러 국가의 결합으로 탄생하지만 특정 목적으로만, 예컨대 대외적 방어를 위해 결합한다." "공동의 명령"에 복종하는 것은 특정 목적과 관련해서만 그러하고, 반면 국가들은 "원칙적으로 자신의 독립과 자주성을 유지"한다. 독일연방Deutscher Bund은 국가연합이고, 네덜란드는 연방국가이며, 미국은 여러 단계 중에서도 국가연합보다는 연방국가에 가깝다는 것이다.[350] 이런 의미에서 이미 1825년에 에르쉬와 그루버Ersch/Gruber는 "국가연합"을 (한시적인 연합들의) "단순한 동맹"과 연방국가의 가운데에 자리매김했다. 이들에게서 신선했던 점은 법적인 개념 정의뿐만 아니라 연방제에 대한 일종의 역사적 존재론이었다. 여기에서는 "모든 국가가 형성되는 시작 단계에 있는 민족동맹의 원동력"을 설명하고 있다. "씨족이 동맹이 되고…… 식사Mahlzeit와 공동체Gemeinschaft 개념이 하나로 묶여 독일어의 조합Genossenschaft(koine, coena)이라는 단어가 되었다." 국가의 생명은 이런 토대 위에 형성되었고, 역사철학적 시각이 근원과 목표를 하나로 모았다는 것이다. "동맹이라는 제도가 국가의 싹에 불과하다면, 연방국가는 이 제도가 활짝 꽃핀 것이다." 1815년의 독일연방deutscher Bund이 하나의 "국가연합Statenbund"일 뿐이라는 이해하기 어려운 비판은 여기서 나왔다.[351]

이와 같은 언어 사용이 정착되면서부터 독일어에서 '연방주의 Föderalismus'라는 표현은 매우 자제되었다.[352] 모장Mozin의 《신新사전Nouveau Dictionnaire》[353]에는 아직은 운동의 순간이 느껴지는 반면("연방주의-연방국가 체제를 구성하기 위한 시스템Fédéralisme-système du gouvernement fédératif), 캄페Campe는 1813년에 이 외래어를 의도적으로 경시적인 의미의 과거 단어로 치부한다. 그는 "Föderalismus라고도 불리는 Föderalisme는 결합"이 "통일"보다 낫다는 견해로, 프랑스혁명 당시에 비난의 대상이었는데, 가장 정확한 번역은 "결합 중독증Verbündungssucht"일 것이다. 보통은 이 표현 대신에 "결합론 Verbündungslehre" 또는 "결합 애호Verbündungsliebe"라고 할 수 있을 것이라고 말한다.[354]

a —라인동맹

국가들의 결합을 정의하는 데 대한 논쟁이 역사적으로 촉발된 것은 1806년에 라인동맹Rheinbund이 결성되고부터이다. 라인동맹의 제후들은 "라인국가연합이라는 이름의 개별동맹par une confédération particulière sous le nom d'Etats confédérés du Rhin"(Art. I)을 통해 결합했다.[355] 동시에 여러 동맹국들이 모여서 또는 제각기 프랑스와 연합alliance(제35조)을 체결했다. 제국으로부터 탈퇴한다는 사실을 선언하는 독일어 선언문[356]에서 이들 국가들은 스스로를 "새 시대 상황에 걸맞은 동맹Bund"이라고 표현했고, 반면 "지금까지 독일의 국체를 이룬 여러 구성 국가들을 통합해왔던 끈은…… 이미 풀렸다"라고 했다. 이런 해석을 내리기 이전 단계인 1805년 프레스부르크평화조약Preßburger Frieden(제7조)에서 이미 제국은 도발적으로 "Confédération germanique(독일연방)"으로 표현되었다.[357] 프란츠 2세가 왕위를 내려놓으면서까지도 "독일제국의 국체Staatskörper des deutschen Reiches"[358]라는 표현을 고수한 반면, 라인동맹의 제후들은 "결사체Verband"에서 탈퇴한다고만 말하면서, 자신들의 개별동맹confédération particulière은 더 강력한 신분들이 — 분리정책을 통해 — 오래전부터 추구해왔던 기존 "시스템"의 종말이라고 분석했다. 비록 "시스템"은 개별동맹을 통해 계속되었지만, 새 동맹에 대한 책임은 舊 제국 체제로 돌렸다. 그러나 연속성은 제국법이 아닌 동맹 시스템에서 이끌어냈고, 이제부터는 순수하게 국제법상으로만 파악했다. 즉 1648년 이래로 지속되어온 역사의 종착역에 다

다른 것이다. 황제 자리에는 "보호관Protecteur"(제12조)이 등장했는데, 그는 더 이상 "통치자Suzerain" 역할을 하지 않고 "자신의 우월한 힘"을 이용해서 라인동맹 개별 제후들의 독립과 통치권을 지킬 것을 직접 약속했다.[359] 그러나 계획했던 동맹 제도들이 마련되지 않았고, 따라서 조약에서 약속한 것보다 라인동맹국들의 통치권이 더 강력하게 유지되는 것으로 보였지만 나폴레옹이 라인동맹을 이용해서 제멋대로 규정을 위반했기 때문에 — 그에게는 돈과 자신이 필요로 하는 사람들만이 중요했다[360]— 체제의 법과 현실 사이에는 구舊 제국에서 관습법을 통해 통제할 수 없었던 것과 같은 모순이 발생했다. 이는 두 가지 결과를 낳았다. 첫 번째, 라인동맹의 연방국가론은 법과 권력이 분리된 결과 정치색을 띠지 못했고, 두 번째, 패권적 성격은 "나폴레옹 황제"[361]에게 유리하도록 배제되어서 구체적인 라인동맹은 그 방식에 있어서 종교색이 짙은 동맹 개념과 마찬가지로 이데올로기 비판에 취약해졌다. 반대자들은 라인동맹이 "모욕 체제 또는 조롱 체제"[362]라고 폭로했고, 독일의 통일 정책이 펼쳐지면서는 기회가 있을 때마다 프랑스의 정책을 빗대거나 독일 중간국들의 지방 분권주의를 비꼬아서 "라인동맹 놀이Rheinbündelei" 또는 "라인동맹 욕Rheinbundgelüste"[363] 등의 유행어가 생겨나기도 했는데, 이런 해석은 역사적으로 소위 최초 라인동맹에까지 거슬러 올라가서 영향을 미쳤다.

라인동맹이 결성된 후 처음에는 국가연합Staatenbund으로 불렸지만 연방국가Bundesstaat로도 불렸는데(예를 들어 빈코프Winkopp의 간행물에 "라인연방Der Rheinische Bund"으로 표시), 여기에는 1803년 스위스의 중재 체제Mediationsverfassung 모델("스위스는 연방국가가 될 운명이었다"[364])과 스위스가 스스로를 이렇게 칭한 것이 중요한 역할을 한 것 같다.

반면 국법론에서는 (퓌터Pütter와 칸트Kant를 인용하여) 한편에서는 "민족들의 동맹Völkerbund"과 "국가연합Staatenbund"을, 다른 한편에서는 "국가들의 국가Staatenstaat", "민족들의 국가Völkerstaat" 또는 "연방국가Bundesstaat"를 대립시키면서 구舊 제국 체제와의 차별성을 부각시켰다.[365] 결정적인 사실은 이제부터는 공동의 상위 권력이 소멸되고(강대국의 보호를 받는 동맹foedus clientelare이라는 표현은 쓰지 않았다), 독일은 더 이상 국가들의 국가Staatenstaat가 아니라(이는 자하리에K. S. Zachariae가 이미 1804년에 "소위 독일제국das sogenannte deutsche Reich"에 대해 확인한 내용이다) 국가들의 동맹(국가연합) Staatenbund이라는 사실이었다.[366] 아니면 클뤼버Klüber[367]가 말한 바와 같이 "일국 체제Systema civitatum foederatarum s. archaicarum, ……독일 주권 국가들의 연맹ein Verein teutscher Souverainstaaten"이다. 두 저자 모두 이 결합이 아무런 정치적 상위 주권을 탄생시키지 않고, 기껏해야 통치권이 없는 "정치적 사회 권력 또는 동료적 권력"만을 탄생시키는 국제법상의 사회 계약을 통해 성사되었다는 것에 대해 베르크Berg와 베어Behr[368] 및 그 외 라인동맹 분석가들과 의견을 같이했다. "라인동맹은 그 자체로는 아무런 영토를 갖고 있지 않고, 동맹 제후들만 통치 지역을 보유하고 있었다."[369] 이는 국가연합의 국제법적 성격과 연방국가의 국가법적 성격 사이의 대조를 표현한 것으로 — 로텍Rotteck[370]이 경험적으로 근거가 없다고 확인해주었음에도 불구하고 — 계속하여 개념 정의에 반영되었다.[371] 자하리에Zachariae는 국가연합이 결합에 대한 의견 차이로 해체될 가능성을 주장하면서 최초로 독일어 표현에 모순이 있다고 언급했다. "여러 국가들이 결합되어 있는 국가Bundes-Staat 간에 그리고 국가들의 동맹Staaten-bund 가운데에서 권한을 살펴보면, 개별 회원국의 의견 차이로 동맹이 해체되거나 계약이 체결되지 못할 경우 회원국 사이에 분쟁이 발생한다. 이는 국가들마다 다르게 해석하기 때문일 것이다Interest……, si jus spectes, inter civitatem, qua plures civitates continentur, et inter societatem civitatum foederatarum hoc (Bundes-Staat — Staaten- bund), quod societas dissensu singulorum sociorum dissolvitur, litesque inter socios ortae non nisi transactione componi possunt; quae in civitate secus se habent."[372]

라인동맹의 확대와 나폴레옹 지배를 통해 이 동맹을 "협동체 Universitas(자하리에 1810)"[373] 또는 "게르만연방Germanischer Bund"이나 "독일연방Deutscher Bund"[374]으로 파악하려는 시도는 여러 사건들에 의해 주목받지 못했다. 이러한 개념 정의들은 라인동맹처럼 주권이 있는 제후들의 결합으로 결성된 1815년의 독일연방 deutscher Bund이 스스로를 법적으로 파악하는 데에 영향을 미쳤다.

b ─독일연방 1815

1815년 독일연방deutscher Bund 체제의 구조는 유럽 열강들의 팽팽한 힘겨루기에 의해 이미 기본 윤곽이 잡혀있었다. 독일이 더 이상은 제국이 아니라 연방 형태로 재건될 것임은 나폴레옹 전쟁의 모든 단계에서 드러났다. 1807년에 러시아와 프로이센이 바르텐슈타인Bartenstein[375]에서 "양 패권 세력"인 프로이센과 오스트리아의 "긴밀하고 항구적인 특수연합"을 통해 이끌어갈 미래의 독일 "입헌연방fédération constitutionelle"에 합의할 때에 그랬고, 1808년 겐츠Gentz가 《독일연방 체제의 개요Grundlinien einer deutschen Föderativ-Verfassung》를 저술하면서 오스트리아 황제는 "세습 국가 수반"이자 "자유 연방국가의 최고 동맹자"로서 집행 권력이 그에게 통일되어야 한다고 했을 때에 그랬으며,[376] 1812/13년에 슈타인 남작Freiherr von Stein이 조국의 "통일"을 위해 노력하면서도 세력 구도를 고려하여 "다른 방편"을 찾고 "과도기가 필요하다"고 고백했을 때도 그랬다. 독일은 동쪽에 있는 양대 열강과 결합하여 "두 개의 거대 연방국으로 해체되어야 하는데",[377] 이때 1803년의 상태를 회복하여 단위의 크기를 축소함으로써 개별 독립에 대한 충동을 차단시켜버려야 한다는 것이다. 훔볼트Humboldt도 1813년에 이와 유사한 주장을 내놓았다.[378] 독일은 "그 주민들의 감정이나 타인의 눈에는 그대로 하나의 국민, 하나의 민족, 하나의 국가로 머무른다." "하지만 이 나라를 위한 실질적인 체제"를 생각해낼 수 없기 때문에 "겸손하게 작은 것에 만족하며 하나의 Bund인 국가연맹Staatenverein을 형성해야 한다"는 것이다. 관건은 프로이센과 오스트리아 간의 정치적 합의가 "계속 연방 외부의 확고한 준거점"으로 남을 수 있도록 이 교양 국가 전체를 양 패권 세력들과 잘 결합시키는 것이라고 했다. "양 세력의 결정에 독일의 존립뿐만 아니라 그들 자신과 전체의 존립이 좌우되는 문제에 대해서, 체제와 형식을 통해 결코 양 세력의 손을 묶어둘 수는 없기 때문이다." 이러한 정치적 진단을 통해 훔볼트는 아무런 다른 방법이 없다고 보았다. 즉 "독일이 나아가야 할 방향은 국가연맹Staatenverein이고 그것도 영구히" 결성되어야 한다는 것이다. "이 영구성으로 인해 이 결합은 일반적인 동맹Bündnissen과는 구별된다"고 했다. 이때부터 항구성은 Bündnis와 Bund(주로 Staatenbund)를 구별하는 기준으로 사용된다. 훔볼트는 오스트리아와 프로이센이 Bund의 대외 권력을 공동으로 갖고 있기 때문에 이것이 항구성을 보장한다고 보았다.

이 계획들은 예컨대 아른트와 그 동료들이 품었던 것과 같은 독일 통일을 이룩하려는 애국적인 바람을 좌절시킨 모든 문제를 다루었다. 즉 합스부르크 왕가가 패권을 장악하는 연방제를 제안하였고, 북남 분리 또는 동서 분단을 통한 2분적 해결책도 제시되었으며, 그 외 3분적 대안도 등장했다.[379] 이 모든 제안들의 공통점은 쇼몽Chaumont(1814년 3월 1일)에서 연합군이 합의한 후 1814년 5월 30일 제1차 파리조약에서 국제법상으로 합법화되기 훨씬 이전부터 외교적으로 떠돌던 국제법적 구상이었다기보다는 정치적—실용적 구상이었다는 점이다. "독일의 국가들은 독립적일 것이며, 연방의 유대 관계로 연합할 것이다"(6조 2항).[380] 이 간결한 미니 형식에서 두 가지를 추론할 수 있다. 즉 기존의 국가들, 주로 라인동맹의 국가들은 미래의 동맹 내에서 독립적으로 머무를 것이고, 연방체제는 유럽의 권력이 조화를 이루는 범위 안에서만 논의될 것이라는 점이다. 이 두 가지 내용은 비엔나 회의에서 이행되었다. 훔볼트(1816)의 말 그대로 "옳은 일을 행하기란 아예 불가능했기 때문에" 정치 구도상 타협하는 것밖에 다른 방법이 없었다. "이들 양 극단적인 것 사이에서 성사될 수 있었던 것, 그것이 독일연방의 진정한 개념 정의다."[381]

"독일연방"이라는 이름으로 하르덴베르크Hardenberg[382]가 구상했던 "정치적 연방체politischer föderativer Körper" 계획은 회의가 진행되면서 크게 축소되었다. 프로이센은 연방 외부의 엘베강 동쪽에 위치하고 있었고, 오스트리아는 오버바이에른에 인접한 국가들로만 연방에 가입되어 있어서 프로이센과 오스트리아가 개방적 이중 패권을 가진다는 구상은 탈락되었다. 관구Kreis를 초국가적으로 구분해서 강력한 지휘 체제를 갖추겠다는 구상도 탈락했다. 통상정책의 일원화와 "독일 시민권die teutschen Bürgerrechte" 구상도 탈락했다. 그 대신에 "통치권을 가진 제후들과 독일 자유도시"[383]들이 "독일연방이라는 이름 아래 영속적인 동맹으로 결합하였다." "이들의 목적은 독일의 외적, 내적 안정과 독립" 및 동맹의 구성원으로서 동일한 권리를 취득한(제1~3조) "개별 독일국들의 불가침을 유지하는 것이었다." 공동의 지휘 기구는 17인으로 구성되는 영구 사신使臣 회의인 "연방총회Bundesversammlung"로, 보통 "연방의 회Bundestag"라고 불리며 현안을 결정하였는데, 반면 "기본 법률 Grundgesetze이나 연방 기관 조직 및 공익 법령들"은 본회의Plenum 에서 관장했다(69개의 가중 다수 표결을 통해). 단순 다수와 2/3 가중 다수결뿐만 아니라 기본법 개정, 조직의 설치 및 종교 문제에 대해 서는 만장일치를 규정해서 표결에 차등을 둠으로써 최약체 구성원 들이 거부권을 행사하는 가능성이 부여되었다. 구舊 제국에서처럼 대외 권력은 연방과 구성 국가들에게 이중으로 부여되었고, 다만 구 성 국가들은 (관례에 따라) "연방Bund"에 대항하여 "동맹Bündnisse" 을 결성할 수 없었다. 모든 구성 국가들은 상호 보장을 약속했다(제 11조).

이 모든 것들이 클뤼버Klüber[384]로 하여금 라인동맹에 대해 자신 이 내렸던 예전의 개념 정의를 그대로 받아들이게 하였다. 즉 독일 연방도 "국제법상 동등한 결사체이고, 그 정점에는 국가 권력이 아 닌 정치적 사회 권력 또는 동료 권력이 있다."

마찬가지로 티트만Tittmann도 1818년에 독일연방을 "연맹국가 Staatsverein"가 아니라 "국가들의 연맹Staatenverein"으로, (대외적으로 공동 방어를 위한) "국제법상 관계"로 정의하는 경향을 보였는데, 이 는 연방의회가 아무런 강제 권력을 행사하지 않기 때문이며, 이들 이 계속해서 발전해나가면 연방국가가 된다고 하였다.[385] "단어들 을 이용해 여러 가지 개념을 결합시켰기 때문에", 전체적으로 명칭 은 매우 혼동스럽게 사용되었다.[386] 실제로 조직 관련법, 공익 법령 및 통상정책 규정들(제19조)이 의결되기 전까지는 모든 가능성이 열려있었다. 1816년에 오스트리아의 특사인 부올 폰 샤우엔슈타인 Buol v. Schauenstein 백작이 "인류의 시간, 문화에는 절대적인 한계점이 없다"고 선언하자, 클뤼버Klüber는 영국의 체제와 영국의 "영원한 혁신"을 가리키며, "그래서 우리도 우리 독일연방이라는 건축물을 신성하게, 하지만 결코 폐쇄되거나 전적으로 완성된 것으로 생각하지 않으려고 한다"라고 논평한다. 그러나 부올 백작은 "독일연방은 연방국가도 아니고 단순히 자유로운 국가들의 보호 및 저항 동맹도 아니며, 국가연합Staaten-Bund이다"라고 일말의 의심도 없이 말한다. 부올은 독일 역사와 그 역사의 "다사다난함Mannigfaltigkeit"에서 이런 체제를 추론해내고, "전체 독일을 충성스런 연방으로 결합시킨 1813년의 영웅적인 용기"를 인용하면서, 이제 독일은 "현대사에서…… 동시에 민족성까지도 보장하는 국가연합을 결성해야 할 소명을 지니고 있다"고 보았다. '국가연합'은 1815년 오스트리아의 언어 표현으로는 독일 민족에 대한 최상의 통일 개념이었다. "즉 이렇게 독일은 다시 전체로서, 하나의 정치적 단위로, 민족들의 대열 속에 자리 잡은 권력으로 등장한다."[387]

훔볼트[388]가 "단어의 뜻에 구애 받지 않고서" 내세운 독일연방 이론이 가장 예리하게 — 그리고 가장 적절하게 — 특징을 잘 묘사하고 있는데, 여기서 그는 '국가연합'과 '연방국가'를 구성 국가들의 주권이나 "실제 국체wirklicher Staatskörper"에 따라 결정하지 않고 둘을 관계의 개념으로 이해했다. 구성 국가들의 독립과 마찬가지로 "평화, 안정 및 평등"도 (유럽의) 동맹의 목적이라는 것이다. 이 목적에 도달하기 위해서 모든 독일인이 하나의 단위로 결합되고, 구성 국가들이 자신의 독립의 일부를 포기하고 공동의 약정에 따르는 한 독일연방은 "연방국가로서의 성격"을 띤다는 것이다. 하지만 국내외 안보가 더 이상 연방의 목적이 아니고 독일이 국체로서 스스로의 정책을 추구한다면 — 물론 "진정한 독일인이라면 절대 원하지 않겠지만 — 독일이 아닌 것이 독일로서 정복국가가 되는 것을 그 어느 누구도 막을 수 없을 것이다." 독일연방은 국가연합으로서의 임무에 충실하기 위해 자신이 오히려 "방어하고, 소극적인 영향을 미치고, 불법을 저지"하는 임무를 수행하고 있다는 것이다. 독일연방은 "자기 본래의 목적이나 정치적 본질로 볼 때에 실질적인 국가연합이다. ……하지만 자신의 내적, 외적 목표에 도달하기 위한 특정한…… 관계 속에서 전체와 상황 속에 개입되었고, 이 상황 속에서 하나의 연방국가가 되었다." 즉 연방국가와 국가연합은 서로에게 수단과 목적의 관계이다. 그렇기 때문에 미래의 정치에서 "독립국가의 결합이라는 개념은 기본 이념이나 목적으로 간주되어야 하고, 연방을 집합적인 국가로 만드는 통일은 이 목적을 위한 수단으로 간주되어야 한다." 1816년에 훔볼트는 법적 안티테제를 훼손시키지 않고 정치적인 개념 정의, 특히 대외 정치적인 개념 정의를 발견함으로써 프랑크푸르트동맹 사절로서 자신의 행위 능력을 한껏 발휘했다. 심하게 표현하자면 그에게 독일은 유럽에서 국가연합으로서의 역할을 맡을 수 있는 데에 필요해 보이는 만큼만 민족적 연방국가였다. 이런 긴장된 무대에서 프로이센은 자신의 동맹정책을 펼쳐야 한다는 것이다.

법적 개념 정의에 대한 논쟁은 1820년 비엔나 최종 의정서Wiener Schlußakte[389]에서 독일연방을 "국제법상의 연맹völkerrechtlicher Verein"이라고 정의하면서(제1조) 진정한 결론이 내려졌다. "이 연맹은 내부적으로는 서로 간에 독립적이면서 동등한 조약권을 가진 자립적인 국가들의 공동체이지만 외부적 관계에서는 하나의 정치 단위로 결합된 전체 권력으로 구성되어 있다(제2조)." 1815년의 연방 의정서Bundesakte는 동시에 "이 연맹의 기본 조약이자 최초 기본법 der Grundvertrag und das erste Grundgesetz dieses Vereins"으로 정의되었다. 이들 정의의 정치적 요점은 당시에 활발하게 일어나고 있던 국가적 통일 운동과 이들의 동맹 조직에 저항하는 것이었다. 공익 규정, 독일 시민권, 지방 신분의 대표권 또는 국가적 대표권에 대한 요구는 모두 묵살되었다. 또한 1820년의 "연방 보충 의정서Bundes-Supplementar-Acte"는 연맹의 동질성 기준을 최종적으로 군주제 원리에로 옮겨놓았다. 독일연방의 "기본 개념"에 따르면 조약을 체결하는 제후들은 "전체 국가 권력이 국가의 수반에게 통일된 채로 머무른다"는 결론을 얻을 수 있다는 것이다(제57조).

훔볼트식의 진단에 따라 — 비록 그가 의도한 대로는 아니지만 — 이제부터는 국가연합의 원칙인 제후의 통치권을 보장할 수 있도록 연방의 힘이 크게 강화되었다. 하지만 이는 연방의 집행 및 개입 수단을 확대하는 방식으로 이루어졌고, 이는 오히려 개별 국가들에게 보장하고자 했던 독립을 제한하게 된다. 그 이후로 독일 국가연합은 정치적 도치 논리politische Inversionslogik에 따라 연방국가적 요소를 부각시켰는데,[390] 다만 사회적 발전 측면에서는 이를 이행하지 않았다.

독일연방은 국가들의 연맹Staatenverein으로서 두 가지 현실적인 난관에 부딪쳐 무너졌다. 우선 통상정책의 통일에 대한 요구가 증가했음에도 이를 거부했다. 그래서 — 메테르니히Metternich의 표현대로 —"작은 부속 연방이, 글자 그대로 국가 안의 국가status in statu"[391]인 관세동맹이 프로이센의 추진 하에 1822년에 탄생했다. 두 번째로 공동으로 국가를 대표하라는 요구가 증가했음에도 연방은 이를 억압하는 태도를 취했고, 그때부터 '연방국가'는 시민의 미래를 앗아간 통합 개념이 되었고, 반면 '국가연합'은 이것과 팽팽한 긴장 속에서 현재 상태를 암시했다. 두 가지 문제, 즉 큰 연방 안의 작은 연방이라는 문제와 시민사회를 국가적으로 대표하는 문제가 혼합되어 1848년의 혁명은 실패했고, 비스마르크는 1867/71년에 소小독일 방식으로 이를 해결했다.

c —관세동맹

해방전쟁Befreiungskriege* 이래로 프로이센은 독일 안으로 성장하는 게 맞고 오스트리아는 떨어져나간다는 것이 기정 사실로 인식되었

---

* [옮긴이] 나폴레옹 1세에 대항하여 프로이센과 러시아가 벌인 전쟁(1813~1815).

다. 이런 생각에 맞춰서 합스부르크 왕가를 배제하는 독일 체제에 대한 희망이 커져갔다. 1814년, 폰 슈타인메츠von Steinmetz 장군은 그나이제나우Gneisenau[392]에게 이런 글을 쓴다. "진심으로 나는 프로이센-독일이라고 불리는 연방이 탄생하는 것을 보고 싶소. 왜냐하면 이 연방이 아니라면 우리의 모든 노력이나 수고가 무가치하기 때문이오. 독일이 통일되지 않고 프로이센을 통한 강력한 통일이 없다면 우리가 어떻게 안정 속에 살아가면서 생각하고 행동하는 자유를 가질 수 있단 말이오?" 더 이상 독일과 한 가족이 아닌 오스트리아는 "유럽의 동맹 속에 홀로 서야 하고", 프로이센은 더 많이 노력해야 한다는 것이다. 크리스티안 다니엘 포스도Christian Daniel Voss도 1816년에 〈독일연방의 기만과 본질에 대하여Über die Täuschungen und über das Wesentliche bei dem Deutschen Bunde〉라는 제목으로 글을 쓰면서 이와 비슷하게 지적했다. "가장 핵심적인 것은 프로이센과 오스트리아가…… 좋은 의도로 서로 논의했고, 분리되어 결별했다는 사실이다. 독일로서는 이 분리와 결별이 속 빈 연방이나 위선적인 통일보다는 훨씬 축복일 것이다." 오스트리아는 이탈리아쪽으로 방향을 돌려야 하고, 프로이센은 과거 라인동맹의 보호 세력이되어 "보호와 동맹의 왕Schutz-und Bundeskönig"을 수장으로 내세워 독일 체제를 건설해야 한다는 것이다.[393] 1830년에 다비드 한제만David Hansemann은 직접 국왕을 겨냥해 국왕이……독일의 "지도자여야 하며, 진정한 이해관계로 함께 꽁꽁 묶인 연방으로…… 독일을 통일해야 하며, 그 몸통은 프로이센이어야 한다"고 주장했다.[394] 이렇게 표현 방식이 바뀐 것에서 경제에 대한 시민들의 관심을 짐작할 수 있는데, 이들은 이미 모츠Motz가 제안한 관세정책을 근거로 내세울 정도였다.

프로이센의 주도권에 거는 희망(그리고 우려)은 더 큰 경제 단위가 형성되고서야 비로소 실용적인 기반을 획득했다. 1833년에 북독일과 남독일이 관세동맹Zollverein을 통합하면서 스스로를 "총연맹Gesamtverein"이라고 칭했다. "현재 조약을 이행하면서 동맹국들 사이에서는 교역과 거래의 자유가 시작되었고 동시에 관세 징수 공동체가 형성된다."[395] 새로운 관세동맹은 구성 국가들의 연방제적 평등을 엄격하게 지켰는데 — 결정은 만장일치로만 내려졌고, 그 기간은 8년으로 연장 기간이 12년으로만 제한되었다 — 그 뒤에는 프로이센의 사실상 패권이 독일연방에서 메테르니히Metternich의 패권보다 더 효율적으로 숨겨져 있었다. 경제와 정치는 엄격하게 분리된 것으로 보였고 — 로텍/벨커Rotteck/Welcker[396]는 관세동맹이 정치적 갈등으로부터 눈을 돌리게 하려는 유도 작전이라고 보았다 — 모츠Motz[397]가 희망했고 메테르니히Metternich[398]가 혁명이라고 우려했던 것처럼, 오스트리아가 배제된 새로운 경제 단위는 국가 체제의 결정점으로 간주되었다. 그래서 출판인 페르테스Perthes는 조약을 체결하면서[399] "이제 우리는 관세와 함께 그야말로 큰 한솥밥을 먹게 되었고, 나는 무엇보다 이제 이로 인해 반드시 수반될 정치적 결과 때문에 기쁘다. 조국 통일로 나아가는 더 큰 걸음을 내디딘 것이다."라고 했다. 카를 슈타인아커Karl Steinacker는 11년 뒤에 이렇게 말한다. "관세동맹은 이제 그야말로 실제로 통일 사상의 고향이 되었고, 그 가운데에서 이 사상은 점점 큰 힘으로 발전할 것이다. 사람들은, 특히 외국에서는 독일이라고 하면 관세를 위주로 연합한 곳으로 이해하는 것에 점점 적응해야 할 것이다."[400] 정치 산업 국가로서 최적의 통일을 이루라는 경제적 요청이 — 리스트List의 표현[401]에 따르면 이는 "모든 민족들의 보편통합Universalunion" 또는 "동맹Konföderation"을 위해서 반드시 필요한 과도 단계이다 —프로이센의 지휘 아래에서 충족되었다는 것은 획기적인 이정표가 될 만한 일이었다. 이런 배경 하에서 하인리히 폰 가거른Heinrich von Gagern은 파울 교회에서 협의의 독일연방과 광의의 오스트리아와의 연방이라는 (실패로 돌아간) 타협안을 제시할 수 있었다. "언제부터 독일에서 통일에 대한 요구와 인식이 크게 발전하기 시작했는가? 공동체적 국가 이익이 독일의 상당 부분을 하나로 묶고 이렇게 결합된 국가에서 개별 정치를 행하는 가능성을 배제시켰을 때부터, 관세동맹이 시작되고 발전할 때부터였다." 실질적 이익의 관점에서 보면 오스트리아를 독일 지방과 비독일 지방으로 나누도록 강요하지 않고도 협의의 연방이 오스트리아와 결합될 수 있다는 것이다. 가거른의 전략적인 표현에 따르면 "이런 방식으로, 국가연합과 연방국가 가운데에 위치하는 결합도 가능하다."[402]

이중 연방을 창설하는 데에 실패하자 관세동맹은 계속해서 자신의 존재를 이용하여 해결책을 내놓았고, 이는 — 비록 정치적으로는 다른 방법이지만 — 1867년에 소독일주의의 범주에서 최초로

민족 대표 기구가 된 관세의회Zollparlament로 이어졌다.[403]

시민들의 경제정책적 관심 외에도 이제부터는 입헌적 요구까지 더해져 1815년의 국가연합으로부터 연방국가로의 전환을 압박했다.

d — 연방과 제국(1848~1871)

'연방국가Bundesstaat'라는 표현은 연방을 구성하는 개별 국가를 말하는 것일 수도 있고 전체 연방을 뜻하기도 하는 이중적 의미로 인해 더욱 모호했다. 이 표현에는 — '국가연합Staatenbund', '국가연맹 Staatenverein' 등의 표현과는 다르게 — 누가 동맹을 체결하는지가 드러나지 않고, 동맹 당사자들에 대한 언급이 없다. 그 후 1820년 직후에 의미가 축소되어 독일어에서 '연방국가'라는 표현은 정치적으로 구체화된다. 여러 개념 정의를 거쳐서 3월혁명(1848/49) 이전에 '연방국가'와 '국가연합'을 상반되는 개념으로 삼는 정치 논쟁의 전선이 형성된다. 독일연방은 — 직접선거 또는 지방의회를 통한 간접선거를 통해 — 국민 대표 기구가 도입됨으로써 통일된 조직을 획득하며, 연방 구성 국가들보다 상위의 정부가 이 조직을 책임져야 한다는 것이다. 즉 국민의 동맹Bund이 제후의 동맹을 보완하거나(자유-입헌안) 또는 제후의 동맹이 국민의 동맹을 대신하는(공화-민주안) 구상이었다. 어떤 경우든 연방Bund은 국가로서 공동 군대, 최고 법원, 공동 국내외 정치 및 공동 통상정책을 관할해야 한다는 것인데, 이는 1849년 헌법에 규정된 바와 같다. 결국 Bund라는 표현은 정당 개념이 되었고, 프리드리히 폰 가거른Friedrich von

Gagern은 1825년에 그에 걸맞은 정당 이름을 붙였다. 그는 기존의 국가연합을 주장해온 "비굴한 자들Serviler", 통일 국가를 주장해온 "통일주의자Unitarier", 그리고 연방국가를 주창해온 "연방주의자Föderalist"를 구별했다. 통일주의자들과 연방주의자들은 같은 목적을 가졌지만, "연방주의자들은 상황에 따라서는 내전이나 피흘림이 없이 도달할 수 있는" 체제를 선호하며 이것이 연방국가라고 했다.[404] 가거른은 "대의제 체제를 갖춘 연방국가는 점점 더 자주 역사에 등장하게 될 것이고, 반면 군주가 지배하는 국가는…… 한 명의 군주 하에서만 연방국가로 통일될 수 있다"는 추측을 덧붙였다. 연방의 왕관은 상속되지만 자기 영토는 없으며, 국가들은 지방州의 기능을 떠맡되 불이익은 받지 않을 것이라고 했다.

벨커Welcker는 국가연합/연방국가의 안티테제를 개념적으로 가장 널리 발전시켰다.[405] 이 두 개념은 "독재" 또는 "자유"라는 명칭으로 암호화되어 편가르기를 강요하는 개념이 되었는데, 1837년에 "독일연방Deutscher Bund"이라는 이름의 제목이 "편집부의 의사와는 무관한 이유로" 국가 사전에 등재될 수 없게 되는 일이 발생했기 때문이었다.[406] 벨커는 그 대신에 연방국가가 모든 체제 중에서 가장 난해한 체제이기는 하지만 "가장 고귀하고 가장 풍부한 정치 구조이고, 위대한 민족의 정치적 결합으로는 가장 숭고한 이념"이라고 법 역사적, 일반 역사적으로 요약했다. 그에게는 미국이 이와 같은 체제의 이상형이었는데, 미국에서는 ― 국가연합과는 반대로 ― "말Worte이 아니라 사실Sachen"이 유효하기 때문이라는 것이다.[407]

그리고 연방국가는 권력분립 구조이기 때문에 가장 공정하다고 했다. 즉 통일성을 대표하는 한 명의 우두머리(전략가, 황제 또는 대통령)가 있고, "국가의 실존 요소인 국민이" 과거의 민주주의적 관청을 의회로 확장시켰으며, 끝으로 특수한 이해관계는 귀족을 위한 상원Senat에서 대변한다는 것이다. 이 세 기관이 유지되지 않는다면 연방국가는 (상위 권력이 없는) "국가연합" 또는 (국민들만을 위한) "단순 국가" 또는 (제후가 지배하는) "무정부"로 타락할 것이라는 얘기다. 역사를 되돌아보면 연방국가 체제가 사물의 "본성"과 "이성"에 근거하고 있음을 확인할 수 있다고 그는 말한다. "연방국가는 그 본질상 국민연합Nationalverein이고 공동의 조국에 기초하며, 따라서 주州 시민법과 동시에 진정한 국가 시민법이나 연방 시민법"이 존재해야 한다는 것이다. 국가연합과 "혼합"된 형식은 전부 "부자연스럽다"는 것이다.[408]

벨커Welcker는 1844년에 클뤼버Klüber와 함께 《독일 국민의 법적 상황에 대한 중요한 증서*Wichtige Urkunden für den Rechtszustand der deutschen Nation*》를 발간해서 이러한 안티테제를 더욱 예리하게 설명했다. 여기서 그는 독일연방은 지시에 따르는 의원으로 구성된 의회를 가진 국가연합이기 때문에 개별 국가들(특히 입헌제 남독일 국가들)에게 개입할 자격이 없다는 것을 증명하려고 했다. 연방국가에서는 국민들이 직접 의회에 참여하기 때문에 이런 개입이 불필요하다는 것이다. "따라서 진정한 연방국가 또는 진정한 국가연합을 단호하게 선택하여 그것을 완전하게, 순수하게 그리고 일관되게 이행하는 것이 보편적이고 절대적으로 필요하다."[409] 국가법과 국제법을 뒤섞어놓고서 자위해서는 안 된다는 것이다. 벨커로 인해 두 표현은 40년대 이후 계속해서 사용된 표현, 즉 "낮은 단계에서……높은 단계로" 나아가자고 외치는 혁명적 체제 구호가 되었다.[410]

1848년의 혁명적 운동을 주도한 개념은 대중들이 경멸의 시선으로 바라본 연방Bund이 아니라 제국Reich이라는 개념이었다.[411] "우리는 독일을 위한, 전체 제국을 위한 체제를 창조하고자 한다. ……이를 창조해야 하는 소명과 권한은 국민의 주권에 있다(하인리히 폰 가거른)."[412] 지금까지 전해내려온 다양성은 연방국가적 체제를 갈망하지만 자유 속에 통일을 이룩하기 위한 목표는 입헌제국체제였다. 이런 취지로 17인 위원회는 독일제국 기본 법안을 제출했는데, 그 제1장에 따르면 "기존의 독일연방 소속 영방들은(프로이센의 동쪽 지방과 슐레스비히를 포함) 이제부터 제국(연방국가)의 구성 국가가 된다. 개별 독일 국가들의 독립성이 취소되지는 않지만 독일 통일을 위해 요구되는 한 제한된다."[413]

1815년에 독일연방이 이행하지 못한 약속을 제국이 이행하고 스스로 통일체로서 개별 국가들 위에 군림하려면 추가 정의에서 드러나듯이 연방국가라는 체제가 필요하며, 분명 연방에서 제국으로의 전환을 알리는 역사 신학적 신호음이 없지 않았을 것이다.[414] 《도이체 차이퉁Deutsche Zeitung》지紙에서 이 분위기를 논평했던 것처럼[415] "제국Reich이라는 단어는 통일을 너무나 배타적으로 표현한다는 느낌을 준다. 국가연합에서 연방국가로 전환하는 것은 보편적으로 수긍되는 과업이고, 따라서 이 호칭은 보다 분명히 하기 위해 부가 된 것이다. 하지만 말하고자 했던 것을 연방제국Bundesreich이라는 이 한 단어가 아주 완전하게 표현해주었다." 이로써 일반적인 체제 개념이 구체적이 되고, 엄숙하게 들리며, "다른 나라 사람들이 우리 언어를 시샘할 정도로" 무언가를 너무나 실제적으로 표현해준다. "이 단어가 연방국가의 분리되고 통일된 특성을 동시에 표현해 주기 때문에 그 상황에 매우 정확히 들어맞는다." 이제부터 전체 체제 용어는 제안된 상위 개념에서 유추되어, 시저나 나폴레옹을 연상시키는 까다로운 황제 대신에 겸손하게 "독일연방의 제후"를 사용하고, 양원은 "연방의회 및 제국의회Bundes−und Reichshaus"로 부른다는 것 등등이다. 이렇게 "상황, 개념 그리고 명칭에 있어서 동등하게 새로운 국가 질서 속으로 진입한다"고 했다.

정치적−의미론적 개입은 성과가 없었고, 황제 대리인Reichsverweser만 임시 중앙 권력으로 '연방국가'에 투입되는 정도에 그쳤지만,[416] 독일제국에는 새로운 체제가 부여되었다.[417] 제국의회 Reichstag는 국가원Staatenhaus과 국민원Volkshaus으로 구성되었고, Bund 개념은 스스로를 칭하는 명칭으로는 계속 배제되었다. 심지어 영토를 기존의 독일연방 지역으로 확정할 때에도(제1장, 제1조) "우리가 이렇게 명명함으로써 독일제국이 독일연방을 계승한 것임을 밝히려는 의도는 전혀 없었다."[418] '연방Bund'이 정치적 핵심 개념으로는 소진되었다면 '연방국가Bundesstaat'는 체제 기술적 표현으로서 개념 정의에 큰 도움을 주었다. 미터마이어Mittermaier가

"통일 정부와 기존의 국가연합 형태 가운데에 위치하는 새로운 연방 형식……"이라고 체제에 동기를 부여한 것처럼,[419] "연방국가의 형태"는 현재 유일하게 독일의 상황과 이해관계에 "부합한다." "이 연방국가는 두 가지 요소, 즉 공동성이라는 국가적 요소와 개별적 고유성이라는 요소가 황홀하게 결합된 기반 위에 서 있다. ……연방 권력은 국가의 의지를 실현하지만 연방 체제의 목적에 따라 권력의 한계를 결정하는 유기적 법률을 통해 제한된다. 따라서 연방 권력은 모든 개별 국가들에게 연방의 목적에 도달하는 데에 필요한 복종을 요구한다." 이로써 수립된 체제에 제후들을 참여시키는 문제를 비껴갔다.

제국 권력, 제국 법원 및 제국 시민권은 전체 이익을 목표로 하고, 개별 국가들은 전체의 통합을 위해 필요로 하는 한 이에 따라야 한다. 체제를 수립한 자들은 미국의 경험과 스위스 통일전쟁 Sonderbundskrieg을 통해 얻은 많은 "경험"들을 연방국가를 조직하는 데에 활용했다.[420] "여기서 가장 어려운 과제는 다양성과 조직을 통일하는 데에 있어서 다양성을 해치지 않고 둘을 결합시키는 일이었다."

따라서 전반적인 목표는 1815년 이래 추구해왔다고 하는 단순 부정否定 체제System bloßer Negation[421]를 적극적인 민족 독일제국으로 대체하여 보편 복지를 보장하는 연방국가로 조직하는 것이었다. 오스트리아를 포함시키는 문제는 극복할 수 없는 장벽으로 남아있었다. 대大독일주의 타협안[422]에서는 사실상 오스트리아를 분단시킬 것을 요구했는데, 독일 민족은 독일제국에 속하지만 그 외 지역은 자체적인 체제와 행정 기관을 설치해야 했기 때문이다. 새 연방국가의 동질성이 독일 민족이었기 때문에 어떤 구성으로도 오스트리아 전체를 포함하는 통일은 불가능했다. 오스트리아 정부도 즉시 이를 간파했다. "독일이 하나의 연방국가로서 그와 같은 (전체 오스트리아를 포함하는) 단일국가를 의도할 수 없다는 데 대해 우리가 이의를 제기하는 것은 아니다. 우리로서는 이 주장을 적용할 수도 없고 이 명칭을 적용할 수도 없다……" 계속해서 슈바르첸베르크Schwarzenberg는 "전혀 연방국가 같지 않은 자칭 연방국가는 통일된 중앙집권국가가 그 목적이고", 따라서 "불길한 균열의 싹"을 그 속에 지니고 있다고 공격했다.[423] 국가연합이라면 이중 패권을 용납하고 초국가적일 수도 있는 반면, 독일 민족의 연방국가는 오스트리아에게는 모든 중간 해결책을 배제시켰다.

프로이센은 즉시 이러한 중간 해결책에 착수했다. 이미 3월 18일에 베를린 정부는 "독일이 국가연합에서 연방국가로 변신하게 될 것"이라고 정치적 지도 이념을 밝혔다.[424] 그리고 전체 혁명 기간 동안 — 프랑크푸르트와 비엔나와는 달리 — 연방국가 개념을 고수했다.[425] 그러나 오스트리아가 독일 민족의 연방국가에 가입할 의사가 없었던 만큼 프로이센은 협의와 광의의 연방이라는 해결책을 추진하려고 했다. "(독일) 연방 내에서 관세동맹"이 방해가 되지 않았던 것처럼 이제는 "협의의 연합, 연방 내의 연방국가"가 되어야 한다는 팸플릿이 나돌았다(1849년 1월).[426] 1849년 5월에는 무엇보다 "유니테리언파(통일을 지향하는 파)와 민주주의파가 결합"하지 못하도록 "독일의 이중적 상황(독일의 풍부한 발전 가능성은 이 이중적 상황에 기반하고 있었다)을 이중적 조직을 통해 지켜야 한다. 독일의 관점뿐만 아니라 유럽의 관점에서도 우리가 필요하다고 보는 두 제도는 독일 연방국가 그리고 독일의 오스트리아와의 연합이다"[427]라는 내용도 보고되었다. 이런 취지에서 프로이센은 그때부터 27개 그 외 독일 영방들과 함께 — 프랑크푸르트를 본받고 자유주의자들의 지원을 받아 — 위로부터 제국 체제를 새로이 창설하고자 했다(에어푸르트Erfurt, 1849년 5월 28일). 하지만 오스트리아와 독일 중부 국가들의 거센 저항에 부딪쳤다. 그렇게 해서 다시 — 프로이센과 여러 소국가들로 구성된 — "특수연합Spezialverein"이 탄생했고,[428] 라도비츠Radowitz는 이 연합을 통해 서서히 새로운 연방국가 건설을 꿈꿨다. "제국 체제를 인정하는 전체 국가들이 "독일연합 Deutsche Union"[429]이라는 이름으로 독일연방국가를 결성한다." 이 오랜 표현은 이제부터 독일 통일이 무산되는 단계를 칭하는 표현이 되었지만, 올뮈츠Olmütz에 따르면 이 역시 1815/20년의 국가연합 체제에 자리를 내어주어야만 했었다.

협의와 광의의 연방에 대한 논쟁 이후 1848년에는 그 대신에 이해하기 쉬운 명칭인 '소독일kleindeutsch'과 '대독일großdeutsch'이라는 명칭이 등장했다. 파울교회* 투표단은 이 명칭을 당명으로 사용

---

* [옮긴이] 프랑크푸르트에 있는 파울교회는 독일 최초의 자유 선거로 구성된 의회인 프랑크푸르트 국민의회Nationalversammlung의 회의 장소로 활용되었다.

했지만, "소독일주의자"들이 이런 부정적인 명칭으로 불리는 것을 꺼려했기 때문에 서로 간에 통용되는 명칭은 아니었다.[430]

그러나 이들 표제어로 대표되는 입장들의 저항에 부딪혀서 연방은 1866년에 붕괴되었다. 1859년에는 "국민연합Nationalverein"이 탄생했고, 1862년에는 "개혁연합Reformverein"이 탄생했다. 그 이후, 1863년에 오스트리아 정부가 표현한 것처럼, "연방 체제를 기초부터 재편해야 할 필요성이 인정되었다. 기존의 연방과 결별하려는 진보적인 과정이 끊임없이 수행되었고", 현재 상태는 "한마디로 뒤죽박죽이었다."[431] 연방을 개혁하기 위해 투쟁하면서 오스트리아는 엄격하게 연방 원칙을 고수했는데, 즉 연방 지휘부는 동료적인 관계이고 대표 기관은 간접적으로 선출하자는 것이었다. "단일한 수반이나 직접선거로 구성되는 의회와 같은 제도는 이러한 연합에 어울리지 않고 그 본질에 반하는 것으로, 이런 제도를 요구하는 자는 명목상으로만 연방 또는 사람들이 연방국가라고 부르는 것을 원하는 것이지 실제로는 개별 국가들의 생명력이 서서히 소멸되는 것을 원하며, 미래의 통일로 나아가는 과도 단계를 원하는 것이고, 독일의 균열(균열되지 않고는 이런 과도 단계에 이를 수 없기 때문에)을 원하는 것이다."[432]

이는 국민연합Nationalverein의 정강을 기술한 것으로 프로이센 정부는 여기에 기대를 걸었다. 이 정부는 국가연합이 존속하는 상황에서 그 속에 연방국가가 구성되는 것이 가능하다고 보았는데,[433] 외교적으로 더 이상 이 방식이 불가능하게 되자 갈등이 생겼고,

1866~1871년에 소독일주의 해결책이 등장했다.

오스트리아의 계획에는 쟁점별로 "연방주의Föderalismus" 또는 "연방Föderation"이라는 명칭이 관철되었고, 그 외 "통치권을 가진 부족장", 영방, 부족 또는 정당과 의회 등은 부정적인 표현인 "지방분권주의Particularismus"라는 명칭을 주장했다. 프로이센과 민족자유 진영의 구상은 "연방적unionistisch 또는 중앙집권적zentralistisch"이라고 간주되었고, 프로이센의 제국 지지자들은 "케사르주의자Cäsarianer"로 간주되었으며, "연방주의Unionismus"는(이원주의자들에 반해) 이행 개념으로서 개별동맹적 성격을 넘어 통일을 추구하는 의미를 획득했다.[434]

1860년도에는 모든 언어적 표현이 정치적 공격의 대상이 되었고, 정당 간의 의사 형성에 비교해볼 때 체제 이론 분석은 한 걸음 물러나 있었다. 그럼에도 불구하고 1853년에 〈연방국가의 본질Das Wesen des Bundesstaates〉에 관한 글은 큰 반향을 불러일으켰다. 게오르크 바이츠Georg Waitz는 1862년에 이 글을 자신의 《정치 요강 Grundzüge der Politik》에 실었다. 1848년의 경험은 군주제 하의 국가들을 어떻게 민족 연방국가nationaler Bundesstaat로 통일시킬 수 있는가라는 질문을 남겼다. 바이츠는 연방Union을 국민이 직접 참여하는 단위로 보면서도 동시에 구성 국가들을 독립적이라고 정의한 토크빌Tocqueville과 그가 미국에 대해 내린 진단을 본보기로 삼았다. 이를 통해 바이츠는 이중 통치권이라는 매력적인 타협안을 발견했다. 연방국가는, "그 이름에서 알 수 있듯이, 하나의 국가이다." 하지만 "이중적인 국민의 조직이 국가에 작용하는데, 일부는 전체로서, 일부는 독립된 부분으로서 작용한다. ……연방 권력과 개별 국가 권력은 둘 다 자기 영역 내에서는 독립적이어야 한다. 후자가 전자로부터 권력을 획득하면 안 되고, 전자는 후자가 위임해주는 것에 근거해서 존립해서도 안 된다." 어디에나 권한에 대한 경계가 명확해야 하는 것처럼, 전체 국가는 순수한 크기로 소개되었다. "역사는 언제라도 새로운 형태를 창조해낼 수 있다."[435] 이로써 바이츠의 국가 이론은 60년대의 정치 논쟁으로 되돌아갔다.

비스마르크Bismarck는 이런 인식과 관련하여 특히 조심스럽게 접근했다. 북독일연방 헌법을 초안하면서 그는 (남독일 국가들과 관련해) "너무 중앙집권적인 연방국가"가 되지 않아야 한다는 것에 유의했다. "형태상으로 국가연합의 성격을 더 많이 유지하면서도 실질적으로는 유연하고, 눈에 띄지 않고, 그러면서도 포괄적으로 표현되는 연방국가적 성격을 부여해야 한다. 그래서 중앙 관청으로는 부처Ministerium가 아니라 연방의회Bundestag가 구성되는데, 이때 우선은 과거 동맹의 쿠리에 제도Kuriensystem*를 차용하는 게 옳다고 믿는다."[436]

그래서 트라이치케Treitschke의 견해로는 "프로이센의 패권 아래에 있는 민족국가연합"을 국가법의 범주에서 파악할 수 없어 보였다.[437] 북독일동맹Norddeutscher Bund과 1871년의 독일제국Deutsches

---

* [옮긴이] 쿠리에Kurie는 독일 (신성로마)제국의회에 파견된 영주나 도시의 대리인(대표)을 말한다.

Kaiserreich은 주권을 가진 군주들의 동맹일 뿐만 아니라 민족적-민주적으로 구성되었다는 이중적 정당성을 지니고 있다. 프로이센의 패권, 특히 재상의 지위는 이들 세력을 묶어주는 도구였다. 특히 연방의 주권을 소지하고 있는 연방참사원Bundesrat에서 프로이센의 지휘권은 너무나 적절히 효과적이었다. 그래서 비스마르크는, 1871년 이후에도, 이 기구의 명칭을 '제국 참사원Reichsrat'으로 바꾸는 데에 결단코 반대했다.[438] 연방참사원은 통합적이거나 의회적인 역할을 할 수도 있었던 상원이 아니라 독일연방 시절의 전통적인 연방적 기구일 뿐으로, 전통적으로 독일 정부가 공동으로 수행했던 입법, 행정 및 사법 업무를 하나로 통일했다. 실제로 연방참사원은 그 후 수십 년 동안 황제, 제국의회 및 제국법원에 밀렸는데, 이는 제국이 점점 국가화됨을 증명하는 것으로 그 속에서 연방적 요소는 국가 조직의 형태로 변화했다.

트라이치케는 1874년에 자신의 기고문 〈연방과 제국Bund und Reich〉에서 "연방제라는 개념은 공화국적인 사고이다. ……우리 제국은 실제로는 국민의 다수를 직접 지배하는 (부속 영방을 포함하는) 프로이센-독일 단일국가인데, 이 부속 영방들은 이 국가에 연방 형태로 종속되어 있다. 이를 다른 말로 짧게 표현하자면 연방적 기구들을 갖춘 민족적 군주제이다"[439]라고 도발적으로 기술했다. 또한 "연방제를 미래의 정치 발전 원칙"으로 보고서 끊임없이 독일의 연방제적 사명을 호소했던 콘스탄틴 프란츠Constantin Frantz는 이렇게 체념한 듯이 말한다. 제국은 "명목상으로만 존재하고" 실제

로는 하나의 국가를 건설하는 것이 그 목표다.[440]

반면 국가학Staatslehre에서는 '연방국가'가 (논란은 많지만) 계속해서 핵심 이론의 자리를 유지한다. 통치권에 위배된다는 이유로 연방국가에 강력히 반대한 자로는 바이에른 독립국 투쟁의 선구자인 자이델Seydel과 그의 반대자인 헬트Held 정도뿐이다. 헬트는 "연방주의, 연방, 민족국가연합, 결합국가, 연방국가, 국가연합, 헤게모니" 등과 같은 표현은 "실상을 은폐"하려는 위장술에 불과하다고 보았다. 그는 통치권을 가진 통일국가를 목표 지점으로 정한 역사철학의 시선에서 이 표현들을 이데올로기화한다. "역사의 큰 흐름을 인식하고, 여기에 맞는 미래(바로 국가)를 의도하고, 의식적으로 이를 위해 노력하는가"의 문제라는 것이다.[441]

한편 역사적인 근거가 뒷받침이 된 기르케Gierke의 조합 이론 Genossenschaftstheorie은 통치권을 상대화시켰는데, 예컨대 프로이스 Preuss는 연합 이론Verbandslehre에서 단체를 기초단체Gemeinde에서 국제법 공동체Völkerrechtsgemeinschaft에 이르기까지 분류했다.[442]

옐리네크Jellinek는 통치권이라는 준거("권한-권한")를 고수하면서, "연방국가와 (연방을 구성하는) 개별 국가는 그 전체로서 역사철학적으로 그 국가를 대표하지만" 국가 결합을 법률적으로 고찰할 때에는 조직 형태만 보아야 한다는 원칙을 내세웠다.[443] 이러한 도그마적 축소는 결국 에버스Ebers로 하여금 마침내 "국가학이 드디어 정치와의 얽힘에서 벗어났다"고 당당하게 말할 수 있게 했다.[444]

전망

역사 분야에서 **Bund**라는 표현은 크게 확장되었다. 보댕Bodin 이래 통상적으로 동시대의

여러 결합 형태와 고대의 동맹 형태를 비교하던 것이 19세기부터는 다시 도그마 역사적

또는 세계사적 발전 노선을 그 결과에 포함시켜 역사적–방법론적 조사를 시행한다.

CHAPTER V

Áusblick

V. 전망

●●●   독일제국이 건설된 이후로 'Bund'라는 표현은 ―
정당이 성장했기 때문이기도 하지만 ― 정치적으로 완화되었고 새
로운 의미를 획득할 수 있게 되었다. 그 몇 가지 분야를 들어보면
다음과 같다.

1) 국가법적 관점에서 볼 때에 Bund의 성격은 바이마르 헌법으
로 인해 축소되었다. 그 (축소된) 정도는 당시 대부분 국가학자들의
동의를 얻었던 안쉬츠Anschütz의 1924년 발언에서 확인할 수 있다.
"제국은 주州들의 동맹Bund이 아니라, 'Bund'라는 사고방식을 꼭
고수해야겠다면, 전체 독일 민족의 동맹Bund이다."[445] 이는 잠재적
으로는 독일 기본법Bonner Grundgesetz에도 적용된다. 'Bund'는 헌
법적 조직 원칙이 되었다. 제29조에 따르면 "그 크기와 역량에 따
라 자신에게 주어진 과업을 효과적으로 수행할 수 있는" 주州Land
가 설립되어야 한다.

2) 역사 분야에서 Bund라는 표현은 크게 확장되었다. 보댕Bodin 이래 통상적으로 동시대의 여러 결합 형태와 고대의 동맹 형태를 비교하던 것이 19세기부터는 다시 도그마 역사적 또는 세계사적 발전 노선을 그 결과에 포함시켜 역사적-방법론적 조사를 시행한다.[446] 이로써 이 표현에는 새로운 시스템적 가치가 증대하였다.

3) 이들 가치는 특히 슈말렌바흐Schmalenbach[447]의 사회학에서 결실을 얻으려고 했던 것이었다. 슈말렌바흐는 'Bund'를 '공동체 Gemeinschaft'와 '사회Gesellschaft'의 초기 및 후기 범주로서 이들의 전후에 분류시키려고 시도했다. 그는 슈테판 게오르게Stefan George 주변인들과 그들 가운데 있는 청소년단도 염두에 두었다.

4) 그들 내부에서 'Bund'는 의지주의적인 행동 개념이 되었다. "나에게서 우리로의" 탐색 과정에 있었던 한 "청년운동가"가 쓴 것처럼 "Bund의 본질을 연구하고 정확하게 표현하는 일이 쉽지만은 않다." 준準종교적 기대가 다시 조직 개념 속으로 들어온 것이다. "동맹적인 것Der Bündische 또는 Das Bündische"처럼 명사화된 표현이 등장했다. "동맹적 감정"은 처음에는 빌헬름주의Wilhelminismus*에 반대하는 의미였다가 "보수 혁명"으로 흘러들어갔다. 1933년의 표현에 따르면 "결합을 해야 비로소 제국은 자신의 국제적 임무를 수행할 수 있을 것이다."[448] 그러나 청소년단이 해체되면서 Bund 개념도 국가사회주의 어휘에서 밀려났고,[449] 마찬가지로 1934년에는

* [옮긴이] 빌헬름 2세 시대의 군국주의적, 전체주의적 경향.

"다당제 연방국가Parteienbundesstaat"에 반대하는 일당제 국가가 주州들의 주권도 함께 제거했다.

5) 반면에 'Bund'는 정치적으로 무관심한 조직 명칭으로는 변함 없이 건재했다. 이 명칭은 단순한 결합 이상임을 요구하며 다수 연맹에 사용되고 있다. 대표적인 대규모 조직으로는 "독일노동조합 총연맹Allgemeiner deutscher Gewerkschaftsbund"(1919, 1949년부터는 DGB)과 "추방자연맹Bund der Vertriebenen"(1959)이 있다.

6) "국제연맹Völkerbund"이라는 표현은 칸트 이래로 이를 목적으로 하는 구상이 계속 발전되고 제1차 세계대전에서 직접적인 현실성을 획득한 이후로 밀려났다. 베른슈타인Bernstein은 1919년에 '국제연맹league of nations'은 원래 "국가연합Staatenbund"만을 의미하고 반면 독일어 표현은 "훨씬 구체적인 것과 그 이상"을 표현한다고 지적했다. 독일어에서는 ― 서로 간에 개입할 수 있는 권리와 함께 ―"사회주의-민주주의 공화국들" 간에만 체결될 수 있는 민족 스스로의 동맹이라는 것이다. 카를 슈미트Carl Schmitt는 다음과 같이 국제연맹의 "핵심 문제"를 제시하면서 더욱 예리하게 의미론적으로 비판했다. 즉 국제연맹은 "민족들의 동맹도 아니고 민족들의 동맹도 아니며"― 구성원들에 대한 보장이나 동질성이 없이 ― 정치를 법제화하기 위한 강국들의 도구라는 것이다.[450]

초국가적 결합의 징후가 나타나면서[451] 1945년 이래로 연합, 국가연합 그리고 연방국가들의 구조적 문제가 새로운 이름 아래 다시 등장한다. 이들 문제는 국경을 무력화시키거나 더 이상 국가로 분류할 수 없는 결합들의 체제 문제와도 결합되어 있다. 그래서 ―
아마도 의미가 증가하면서 ― 독일어로 더 이상 'Bund'라고 표현할
수 없는 구도들이 탄생한다. 그래서 국제연합헌장Charter of the
United Nations(1945)에서는 제도적 상위 개념을 쓰지 않기로 했다.

옮긴이의 글

● ● ●　　　이 책은 오토 브루너, 베르너 콘체, 라인하르트 코젤렉이 편집한 《코젤렉의 개념사 사전》의 한 항목인 〈연방Bund〉을 옮긴 것으로 코젤렉이 직접 저술하였다. '

　현재도 독일은 이전과 다름 없이 연방국가Bundesstaat이다. 그간의 독일 역사에서 여러 명칭과 성격을 가진 동맹, 연맹, 연합 등의 형태가 있었지만 단일한 민족국가였던 적은 없었다. 삼국통일 이래로 단일국가에 익숙한 우리에게는 이 같은 연방국가가 다소 낯설고, 현재 독일의 연방제도는 예컨대 미국의 연방제도와도 엄밀하게는 다르다. 그리고 남북한의 분단 상황에서 향후에 가능한 통일 방법의 하나로 일각에서 연방제가 줄곧 언급되어왔기 때문에 이 책이 다루는 주제가 우리에게도 나름 의미를 갖는다고 본다.

　흔히 국가 형태에 관한 분류 기준의 하나로 단일국가(단방국가)와 연방국가가 언급된다. 그리고 연방국가와 유사한 개념으로 국가연합이 거론된다. 연방국가Bundesstaat는 연방을 구성하는 국가Land들이 연방헌법을 중심으로 하나의 국가를 이루지만, 국가연합 Staatenbund은 개별 국가들이 헌법이 아니라 조약에 가입하여 일정한 연합체를 구성하는 것으로 구별된다.

여기서 결정적인 차이점은 구성 국가들의 주권성 보유 여부에 놓여있다. 오늘날의 유럽연합EU이 대표적인 국가연합에 해당하는데, 비록 수년 전에 부결되어서 논의가 중단되고는 있지만, 유럽연합 또한 궁극적으로는 EU헌법의 제정을 통해 연방국가로 발전하려고 의도하고 있다.

지난 1991년에 마스트리흐트Maastricht조약 체결과 함께 그간의 유럽공동체EC가 정식으로 유럽연합으로 거듭나는데, 이와 관련한 헌법소원이 독일 연방헌법재판소에서 다루어졌다. 독일의 주권 침해가 주된 쟁점이었는데, 이 사건에서 독일 연방헌법재판소는 유럽연합의 성격을 연방국가Bundesstaat도 국가연합Staatenbund도 아닌 Staatenverbund로 규정하였다. 즉 아직 연방국가는 아니지만 기존의 국가연합보다는 결속력이 보다 강하다는 의미가 담겨있다.

책에서도 언급되듯이 16세기 프랑스 종교전쟁의 와중에서 보댕 Bodin이 주창한 주권 개념을 바탕으로 프랑스가 일찍부터 군주 주권의 단일한 주권국가로 발전했던 반면에, 당시에 이웃하는 독일은 여전히 제후들이 다스리는 수십 개의 작은 영방領邦들로 쪼개져 있는 상황이었다. 이들 영방들이 말 그대로 합종연횡과 이합집산을 거듭하면서 일정한 동맹 내지 연맹의 관계를 형성해왔고, 그 사이에 오랫동안 신성로마제국이라는 틀이 존재했지만 선제후들, 그리고 교황 간의 권력다툼의 틈바구니에서 사실상 허울뿐인 왕관에 불과했다. 이마저도 나폴레옹 1세가 라인동맹의 결성을 주도하면서 1806년에 신성로마제국은 사라졌다.

나폴레옹 1세의 몰락과 함께 오스트리아의 재상 메테르니히가 주도한 빈조약이 체결되면서 다시 독일 땅에 새로운 동맹의 필요성과 공간이 생겨났다. 특히 새로이 강자로 부상한 프로이센이 북독일동맹을 주도하고, 오스트리아 역시 당시에 오스트리아-헝가리 이중 왕국으로서 강력했던 가운데 프로이센-오스트리아 이원주의가 한동안 팽팽한 긴장 관계를 형성하고 있었다. 결국 프로이센의 주도 하에 오스트리아를 배제한 소독일주의에 따른 독일 민족 최초 통일이 1871년에 독일제국Deutsches Reich의 성립으로 이어졌다. 트라이치케는 "프로이센의 패권 아래에 있는 민족국가연합"으로 표현하는데, 여전히 그것의 국가법적 성격은 모호했다.

제1차 세계대전에서의 패배와 함께 프로이센의 빌헬름 2세가 네덜란드로 망명하고 1919년에 독일 땅에 최초로 민주 공화국이 성립되었다. 즉 바이마르공화국Weimarer Republik이다. 독일 시민들이 스스로 만든 공화국이 아니라 패전과 함께 주어진 바이마르공화국은 엄청난 전쟁 배상금의 지급과 세계 경제 대공황으로 인해 정치적으로 그리고 경제적으로도 순탄하지 못했다.

바이마르공화국 말기인 1932년에 프로이센을 무력화하는 이른바 '프로이센 쿠데타Preußenschlag'와 함께 바이마르공화국의 연방제적 성격이 약화되고, 이로써 이후 수상이 된 아돌프 히틀러에 의

한 중앙집권적인 권력 찬탈이 쉽게 이루어졌다. 분단 이후 공산화된 동독에서 연방제가 폐지되었고, 1990년 독일의 재통일 이후에 이들 지역에서 다시 연방제가 부활되었다.

지금은 Bund(연방)라는 용례가 통상적이지만, 이 책에서 언급되듯이 그간의 독일 역사에서 다수 영방들의 여러 다양한 결합을 두고서 Einung, Verein, Verband, Verbund, Bündnis, Gemeinschaft, Gesellschaft, Föderation, Allianz, Eidgenossenschaft 등 실로 다양한 용례가 사용되어왔다. 우리말로 이를 옮기면서 연방, 동맹, 연맹, 연합, 협회, 결사 등으로 나름 적절히 구별하려고 의도했으나, 언어의 상이함 자체가 갖는 한계가 분명했기에 번역에 다소의 어려움이 있었음을 미리 밝혀둔다.

따라서 독자들께서는 가능하면 독일어 원어 자체로 그 의미를 이해해주시기를 바란다. 또한 Bund와 유사 어휘들이 사용되어온 과정을 되짚은 글이다 보니 저자가 당시에 사용된 표현을 그대로 인용했고, 따라서 독일어를 병기하는 과정에서도 현재의 독일어 표현과 다른 표현이 적지 않다. 오기가 아님을 밝혀둔다.

아울러 독일어와 기타 외국어의 중복된 병기가 독서의 흐름에 방해가 될 수 있다는 점을 잘 알고 있지만, 본서의 성격상 병기하는 것이 바람직하다고 보여 심사숙고하여 내린 결정이다.

끝으로 책의 본문에서 독일어, 영어, 라틴어, 프랑스어, 그리스어가 혼재되어 사용되었는데, 라틴어 문장의 번역 과정은 《라틴어 수업》의 저자 한동일 신부님에게서, 그리고 독일어 법률 용어는 연세대 법학

전문대학원 이종수 교수님에게서 큰 도움을 받았고, 그 외에 다른 언어에서 도움을 받았음을 밝히면서 감사의 마음을 전한다.

2020년 12월

엄현아

주석과 참고문헌에 사용된 독어 약어 설명

abgedr.(abgedruckt) = 인쇄된, 활자화된

Anm.(Anmerkung) = 주註

Art.(Artikel) = (사전 따위의) 항목, (법률의) 조條

Aufl.(Auflage) = (책의) 판(초판, 재판 등의)

Ausg.(Ausgabe) = (책의) 판(함부르크판, 프랑크푸르트판 등의)

Bd.(Band) = (책의) 권

Bde.(Bäde) = (책의) 권들

ders.(derselbe) = 같은 사람[저자](남자)

dies.(dieselbe) = 같은 사람[저자](여자)

Diss.(Dissertation) = 박사학위 논문

ebd.(ebenda) = 같은 곳, 같은 책

f.(folgende) = (표시된 쪽수의) 바로 다음 쪽

ff.(folgenden) = (표시된 쪽수의) 바로 다음 쪽들

hg. v. ……(herausgegeben von……) = ……에 의해 편찬된(간행자, 편자 표시)

Mschr. (Maschinenschrift) = (정식 출판본이 아닌) 타자본

Ndr. (Neudruck) = 신판新版, 재인쇄

o.(oben) = 위에서, 위의

o. J.(ohne Jahresangabe) = 연도 표시 없음

s.(siehe!) = 보라!, 참조!

s.v.(sub voce) = ……라는 표제하에

u.(unten) = 아래에서, 아래의

v.(von) = ……의, ……에 의하여

vgl.(vergleiche!) = 비교하라!, 참조!

z. B.(zum Beispiel) = 예컨대, 예를 들자면

zit.(zitiert) = (……에 따라) 재인용되었음

참고문헌

SIEGFRIED BRIE, *Der Bundesstaat. Eine historisch-dogmatische Untersuchung*
(Leipzig 1874).

ERNST DEVERLEIN, *Föderalismus. Die historischen und philosophischen
Grundlagen des föderativen Prinzips*, Beilagen 1 u. 5 zu: Das Parlament 5
(1968).

OTTO V. GIERKE, *Das deutsche Genossenschaftsrecht*, 4 Bde. (Berlin
1868/1913).

주석

1 Thomas von Aquin: *foedus amicitiae hominis ad Deum; foedus societatis humanae*; Summa theologiae, Suppl. zu Tl. 3, qu. 65, art. 4. Opera, t. 12 (1906), Suppl. p. 135.

2 *Verfassung des Deutschen Reiches v. 16. April 1871*, Dokumente zur deutschen Verfassungsgeschichte, hg. v. Ernst Rudolf Huber, Bd. 2 (Stuttgart 1964), 290.

3 Di saetzz und die bunde alle staete halten (Oberösterreich 1281); umb alle artikel, gesetz und pünde ‥‥‥ getrewlich pfenden (Nürnberg 13. Jahrhundert); RWB Bd. 2 (1932/35), 567. 두 자료를 통해 더 오래전부터 사용된 표현인 것으로 추론할 수 있다. 그 밖에 Grimm Bd. 2 (1860),516ff.

4 Notker 1,31: *tiu einunga hiez senatusconsultum* (11. Jahrhundert), zit. RWB Bd. 2,1477; 그 밖의 예시는 ebd., 1477ff.; Grimm Bd. 3 (1862), 333 f.; Jacob Grimm, Deutsche Rechtsalterthümer, 4. Aufl., Bd. 2 (Leipzig 1899), 141. Vgl. 1203년의 자료: *unitas vulgariter Eninge dicitur*, zit. B. H. Slicher van Bath, Nederlandsche woorden in Latijnsche oorkonden en registers tot 1250, Tijdschrift voor Nederlandse Taal- en Letterkunde 65 (1948), 49.

5 Heinrich Mitteis, *Politische Verträge im Mittelalter*, Zs. f. Rechtsgesch., germanist. Abt. 67 (1950), 76ff.

6 Günter Rauch, *Die Bündnisse deutscher Herrscher mit Reichsangehörigen vom Regierungsantritt Friedrich Barbarossas bis zum Tod Rudolfs von Habsburg* (Aalen 1966), 9. 185. 192. 203. 207 u. passim.

7 Margret Wielers, *Zwischenstaatliche Beziehungsformen im frühen Mittelalter [Pax, Foedus, Amicitia, Fraternitas]* (phil. Diss. Münster 1959); Wilhelm Janssen,

Die *Anfänge des modernen Völkerrechts und der neuzeitlichen Diplomatie. Ein Forschungsbericht* (Stuttgart 1965), 37 ff.

[8] Acta imperii inedita, hg. v. Eduard Winkelmann, Bd. 2: Urkunden und Briefe zur Geschichte des Kaiserreichs und des Königreichs Sicilien in den Jahren 1200~1400 (Innsbruck 1885), 853.

[9] Götz Landwehr, Königtum und Landfrieden. Gedanken zum Problem der Rechtsbildung im Mittelalter, *Der Staat* 7 (1968), 94.

[10] Wilhelm Ebel, *Geschichte der Gesetzgebung in Deutschland* (Göttingen 1958), 29.

[11] Ebd., 21 f.; vgl. ders., Die Willkür. Eine Studie zu deren Denkformen des älteren deutschen Rechts (Göttingen 1953).

[12] Otto Gierke, *Das deutsche Genossenschaffsrecht*, Bd. 1 (Berlin 1868), 269f.

[13] Ernst Bock, Monarchie, Einung und Territorium im späteren Mittelalter, Hist. Vjschr. 24 (1929), 557ff.

[14] Vgl. Heinz Angermeier, *Königtum und Landfriede im deutschen Spätmittelalter* (München 1966). 무기한의 영방평화조약에 대해서는 vgl. Joachim Gernhuber, *Die Landfriedensbewegung in Deutschland bis zum Mainzer Reichslandfrieden von 1235* (Bonn 1952), 40, Anm. 1.

[15] Eritz Hartung, *Geschichte des fränkischen Kreises, Darstellung und Akten*, Bd. 1 (Leipzig 1910), 3ff.

[16] Sachsenspiegel, Landrecht 2, 1. MG Nova, series, Bd. 1 (1933), 60: svar Herren mit eiden sik to samene sekeret, se ne besceiden dat rike dar buten, so hebbet se weder deme rike gedan (Lehngesetz Friedrichs I.). '동맹의 자유-Bündnisfreiheit'에 대해서는 vgl. Ernst-Wolfgang Böckenförde, Der Westfälische Frieden und das Bündnisrecht der Reichsstände, *Der Staat* 8 (1969), 458ff.

[17] Vgl. Gierke, Genossenschaftsrecht, Bd. 1, 530; zu den 'Kluften' oder 'Broder-temeden' in Dithmarschen vgl. Werner Carstens, Bündnispolitik und

Verfassungsentwicklung in Dithmarschen bis zur Mitte des 15. Jahrhunderts, Zs. d.

Ges. f. Schleswig—Holsteinische Gesch. 66 (1938), 1 ff.

[18] Friedrichs I. Gesetze vom Ronkalischen Reichstage, November 1158,

Quellensammlung zur Geschichte der Deutschen Reichsverfassung in Mittelalter

und Neuzeit, hg. v. Kare Zeumer, 2. Aufl. (Tübingen 1913), 15f.

[19] MG LL Bd. 2 (1887), 258.

[20] Reichsspruch gegen die Genossenschaften der Städte (23.1.1231), Zeumer,

Quellensammlung, 50.

[21] Goldene Bulle (1356), Art. 15, ehd., 205.

[22] Nürnberger Reichslandfriede (11. 3.1383), ebd., 216. 219.

[23] RTA Bd. 9 (Ndr. 1956), 569.

[24] Handhabung Friedens und Rechts (7. 8.1495), Zeumer, Quellensammlung, 291 f.

추가적으로 Fritz Hartung, *Die Reichsreform von 1485 bis 1495. Ihr Verlauf und ihr*

Wesen, Hist. Vjschr. 16 (1913), 196. 202ff.

[25] Wahlkapitulation Karls V. (3. 7.1519), ebd., 310.

[26] *MG Const.*, Bd. 2 (1896), 580.

[27] Ebd., 581. Vgl. ebd., 277 f. sowie: Königliche Bestätigung des Landfriedens des

Rheinischen Bundes (10.11.1255), Zeumer, Quellensammlung, 95 f.

[28] Winkelmann, *Acta imperii*, Bd. 2, 335 ff. (s. Anm. 8).

[29] Zit. Wilhelm Vischer, *Geschichte des schwäbischen Städtebundes der Jahre 1376 bis*

1389, Forsch. z. dt. Gesch. 2 (1862), 17, Anm. 2.

[30] 루드비히 황제가 1340년에 슈바벤에 설립한 dirre lantfrid und buntnuzz도 참조;

zit. Vischer, Geschichte, 187. Josef Vochezer, Zur Geschichte des schwäbischen

Städtebundes der Jahre 1376~1389, Forsch. z.dt. Gesch. 15 (1875), 4 ff.에는

1387년에 bund라는 이름을 가진 슈바벤동맹을 황제가 승인해주지 않은 것에 대

해 보고하고 있다.

[31] Ernennung des Erzbischofs Konrad III. von Mainz zum Statthalter in Deutschland durch König Sigmund (25. 8.1422), *RTA* Bd. 8 (Ndr. 1956), 190 ; zit. Angermeier, Königtum, 352. Vgl. die entsprechende Ernennungsurkunde für Kurfürst Friedrich I. von Brandenburg (2.10.1418), *RTA* Bd. 7 (Ndr. 1956), 372 f.

[32] *RTA* Bd. 8, 219 f.

[33] Heeresanschlag gegen die Hussiten vom Nürnberger Reichstag (1. 3.1431), Zeumer, Quellensammlung, 246.

[34] Ernst Bock, *Der Schwäbische Bund und seine Verfassungen 1488~1534* (Breslau 1927), 17 f.

[35] Joh. Philipp Datt, *Volumen rerum Germanicarum novum, sive de pace imperii publica* (Ulm 1698), 281 ff.

[36] Ebd., 350. 슈바벤동맹Schwäbischer Bund을 "제국동맹ReichsBund"이라고 부른 것은 1528년 발타자르 후프마이어Balthasar Hubmaier를 심문할 때 등장한다. ; Quellen zur Geschichte des Bauernkrieges, hg. v. Günther Franz (München 1963), 234.

[37] Hansisches Urkundenbuch, hg. v. *Konstantin Höhlbaum*, Bd. 1 (Halle 1876), 114.

[38] Zit. K. A. Schaab, *Geschichte des großen rheinischen Städtebundes*, Bd. 2 (Mainz 1845), 7.

[39] Vgl. Anm. 26. 신의 평화Gottesfriede와 영방 평화Landfriede 간의 상관관계에 대해서는 s. August Kluckhohn, *Geschichte des Gottesfriedens* (Leipzig 1857), 85 f. u. passim ; Joachim Gernhuber, Landfriedensbewegung, 41 ff. (s. Anm. 14).

[40] Zit. Schaab, *Städtebund*, Bd. 1 (1843), 133.

[41] *Hansisches Urkundenbuch*, Bd. 1, 172.

[42] *Quellenbuch zur Verfassungsgeschichte der Schweizerischen Eidgenossenschaft und der Kantone von den Anfängen bis zur Gegenwart*, hg. v. Hans Nabholz u. Paul Kläui (Aarau 1940), 1f. 5f. 14f. 23.

[43] Zeumer, *Quellensammlung*, 181 ff.

[44] Vgl. die Bündnisurkunde von 1376 mit den Zusätzen von 1377 bei Vischer, *Geschichte*, 188 ff. (s. Anm. 29); 추가적으로 ebd., 67 f. 192.

[45] *Urkundenbuch der Abtei Sanct Gallen*, Bd. 4, hg. v. Hermann Wartmann (St. Gallen 1892), 612. 769 ff. 830.

[46] *Acten der Ständetage Preussens unter der Herrschaft des Deutschen Ordens*, hg. v. M. Toeppen, Bd. 2 (Leipzig 1880), 172. 248. 568. 752.

[47] *Die Staatsverträge des Deutschen Ordens in Preußen im 15. Jahrhundert*, hg. v. Erich Weise, Bd. 2 (Marburg 1955), 123. 141. 164. 179. 추가적으로 Erich Maschke, *Domus hospitalis Theutonicorum* (Bonn 1970), 128. 205 f.

[48] Zit. Bock, Schwäbischer Bund, 47, Anm. 5; vgl. Datt, Volumen, 311에서는 "punt"가 조직을, "Ainung"이 "사자獅子들의 사회)Gesellschaft deß Löwen"와의 계약을 의미한다(1490). Vgl. auch ebd., 292 ff.

[49] Pfaffenbrief(7.10.1370), Nabholz/Kläui, Quellenbuch, 33.

[50] Datt, Volumen, 292.

[51] Vgl. 추가적으로 Herbert Obenaus, *Recht und Verfassung der Gesellschaften mit St. Jörgenschild in Schwaben. Untersuchungen über Adel, Einung, Schiedsgericht und Fehde im fünfzehnten Jahrhundert* (Göttingen 1961), 90 ff.

[52] Zit. Angermeier, Königtum, 352 (s. Anm. 14); *RTA* Bd. 7 (Ndr. 1956), 214 f., zit. Hermann Mau, *Die Rittergesellschaften mit St. Jörgenschild in Schwaben. Ein Beitrag zur Geschichte der deutschen Einungsbewegung im 15. Jahrhundert* (Stuttgart 1941), 53.

[53] Zit. Schaab, *Städtebund*, Bd. 2, 300 f.

[54] Zit. Theodor Lindner, *Zur Geschichte des schwäbischen Städtebundes*, Forsch. z. dt. Gesch. (1879), 47.

[55] *Urkundenbuch der Stadt Goslar*, hg. v. Georg Bode, Bd. 1 (Halle 1893), 411; vgl. *RWB* Bd. 2 (1932/35), 1478. 제시된 증거들은 '형제동맹Bruderschaft'의 의미

와 일치해가는 것을 증명해준다 — Oscar Vogel이 *Der ländliche Einung nach den zürcherischen Rechtsquellen* (phil. Diss. Zürich 1952)에서 증명해준 것과 같이 Einung 이 남성으로(der Einung) 등장하는 것은 시골 지방인 'Zwing'과 '영지領地Bann'의 의미이다.

[56] Siehe 추가적으로 Philippe Dolinger, *Die Hanse* (Stuttgart 1966), 12 f.

[57] 어원에 대해서는 s. Erik Rooth, *Das Wort hansa verglichen mit gilde und skara, Altgermanische Wortstudien* (Halle 1926), 67 ff. ; 추가적으로 Agathe Lasch, Hansa, Zs. d. Vereins f. Lübeckische Gesch. 25 (1929), 501 ff. Vgl. *RWB* Bd. 5 (1953/60), 188 f.

[58] *Hansisches Urkundenbuch*, Bd. 1, 219.

[59] *Hanserecesse*, 1. Abt., Bd. 1, hg. v. K. Koppmann (Leipzig 1870), 143.

[60] *Hansisches Urkundenbuch*, Bd. 9, hg. v. Walther Stein (Leipzig 1903), 462 f. (vgl. auch Anm. 176).

[61] *Hanserecesse*, 1. Abt., Bd. 1, 373 ff., auch bei Dolllnger, Hanse, 495.

[62] 1418년 한자 도시들의 "tozate unde vorbund"라 부른 12년짜리 보호동맹안 또는 1429년 작센 한자 도시동맹 명칭인 "eyninghe unde vordracht" 참조; *Hansisches Urkundenbuch*, Bd. 6, hg. v. Karl Kunze (1905), 87 f. 476. 그 밖에 지역적 계약 은 1443년에 "vorstrickinge unde vorbund 및 tohopesate unde vorbuntnisse"라는 이름으로 체결되었다. ; *Hanserecesse*, 1. Abt., Bd. 3, hg. v. Goswin v. d. Ropp (1881), 32 f. Siehe auch unten S. 617.

[63] 용어에 대해서는 vgl. Obenaus, *St. Jörgenschild*, 9 Anm. 1, 13 f.

[64] Otto Eberbach, *Die deutsche Reichsritterschaft in ihrer staatsrechtlich-politischen Entwicklung von den Anfängen bis zum Jahr 1495* (Berlin 1913). 1495년에 황제가 신 분들에게 분담금으로 "협회Geselschaften" 당 각각 1000굴덴을 요구하자 이 표현 에 대해 논쟁이 펼쳐졌다. "한쪽에서는 기사단/장크트 위르겐쉴트/늑대/당나 귀/물고기/무도협회를 말하는 것이라고 했고, 다른 쪽에서는 상인협회kaufleut

geselschaften를 말하는 것이라고 했다. 결국 후자의 말이 맞았고, 도시민들은 이 중과세에 불만을 품었다. 특히 많은 도시들에는 상인협회도 없었고 상거래가 가족 단위에서 행해지고 있었기 때문이었다." Datt, Volumen, 843 f. (s. Anm. 35; Jochen Goetze의 친절한 설명에 도움을 받음).

[65] 이에 대한 예시들은 St. Jörgenschild에 대한 Obenaus와 Mau의 책 외에도 (s. Anm. 51.52) Georg Landau, *Rittergesellschaften in Hessen* (Kassel 1840), 97f 참조.

[66] Obenaus, *St. Jörgenschild*, 195.

[67] Bernhard Heydenreich, *Ritterorden und Rittergesellschaften. Ihre Entwicklung vom späten Mittelalter bis zur Neuzeit* (phil. Diss. Würzburg 1961)에서 부족하나마 설명을 찾아볼 수 있다.

[68] Günther Franz, Zur Geschichte des Bundschuhs, Zs. f. d. Gesch. d. Oberrheins NF 47 (1934), 5.

[69] Zit. ebd., 7.

[70] Hans Georg Wackernagel, *Einige Hinweise auf die ursprüngliche Bedeutung des 'Bundschuhs', Schweiz. Arch. f. Volkskunde 54* (1958), 150 ff.

[71] Aus einer Straßburger Chronik, zit. Albert Rosenkranz, Der Bundschuh. Die Erhebungen des südwestdeutschen Bauernstandes in den Jahren 1493-1517, Bd. 2: Quellen (Heidelberg 1927), 1.

[72] 다수의 증거들은 ebd., 17. 19. 36. 89. 100. 143. 178 u. passim.

[73] Ebd., 110 f.

[74] Ebd., 27.

[75] 'Bund'의 이와 같은 '음모Verschwörung'의 의미가 슬라브어로 전달되었는데, 프로이센 도시동맹의 위력도 영향을 미쳤는지는 확인되지 않음. Vgl. *RWB* Bd. 2, 567: confoederationes alias bunty, 1509; Erich Berneker, *Slawisches Etymologisches Wörterbuch*, Bd. 1 (Heidelberg 1908/13), 101.

[76] 추가적으로 Gierke, *Genossenschaftsrecht*, Bd. 1, 460 f. (s. Anm. 12)와 위에 열거된

서적들, 특히 Obenaus, *St. Jörgenschild* (s. Anm. 51).

[77] Vgl. Emil Usteri, *Das öffentlich-rechtliche Schiedsgericht in der Schweizerischen Eidgenossenschaft des 13.-15. Jahrhunderts* (Zürich 1925).

[78] 추가적으로 Karl Czok, *Städtebünde und Zunftkämpfe in ihren Beziehungen während des 14. und 15. Jahrhunderts*, Wiss. Zs. d. Karl-Marx-Universität Leipzig, Ges.- u. sprachwiss. R. 6 (1956/57), 517 ff.

[79] 추가적으로 Fritz Hartung, *Fränkischer Kreis*, 57.103 f. (s. Anm. 15); Joh. Adam Kopp, *Gründliche Abhandlung von der Association derer vorderen Reichs-Craysse* (Frankfurt 1739), 27.

[80] Vgl. Obenaus, *St. Jörgenschild*, 142; Vogel, *Der Einung*, 116 (s. Anm. 55).

[81] Wilhelm Gesenius, *Hebräisches und aramäisches Handwörterbuch über das Alte Testament*, 17. Aufl., hg. v. Frants Buhl (Leipzig 1921), 116 f.; *Kittel* Bd. 2 (1935; Ndr. 1967), 106 ff.; *LThK* 2. Aufl., Bd. 2 (1958), 770 ff.; *EGG* 3. Aufl., Bd. 1 (1956), 1512 ff.; *Evangelisches Kirchenlexikon*, hg. v. Heinz Brunotte u. Otto Weber, Bd. 1 (Göttingen 1956), 618 ff.; Klaus Baltzer, *Das Bundesformular* (Neunkirchen 1964).

[82] Luther, *WA Dt. Bibel*, Bd. 11/1 (1960), 294; Bd. 7 (1931), 362 ff.

[83] Ders., *WA* Bd. 2 (1884), 519.

[84] Ders., *WA Dt. Bibel*, Bd. 8 (1954), 29.

[85] Vgl. Gerhard Oestreich, Die Idee des religiösen Bundes und die Lehre vom Staatsvertrag (1958), in: *Die Entstehung des modernen souveränen Staates*, hg. v. Hanns Hubert Hofmann (Köln, Berlin 1967), 137 ff.

[86] 이는 루터가 pactum과 testamentum이라는 표현을 그리스도의 신적, 인간적 성격과 연결시키는 데에서 특히 분명해진다. 그는 히에로니무스의 표현을 인용해 이렇게 말한다. "히브리서에서 예로니모(히에로니무스)는 언약이라기보다는 계약이라고 말한다. 그것은 참고 기다리는 살아있는 사람의 약속이며 죽어야 할 자

들이 증거로 삼는 것이다. 그렇게 불멸의 하느님 예수 그리스도가 계약을 만드

셨으며, 장차 죽어야 하기 때문에 그것은 동시에 유언이다. 마치 하느님과 인간

과 같이, 계약과 언약도 마찬가지이다."; *WA* Bd. 2 (1884), 521.

[87] Vgl. Hans v. Campenhausen, Die Entstehung der Heilsgeschichte. Der Aufbau des christlichen Geschichtsbildes in der Theologie des ersten und zweiten Jahrhunderts, *Saeculum* 21 (1970), 206 f.

[88] Gottlob Schrenk, *Gottes Reich und Bund im älteren Protestantismus vornehmlich bei Johannes Coccejus. Zugleich ein Beitrag zur Geschichte des Pietismus und der heilsgeschichtlichen Theologie* (Gütersloh 1923).

[89] Luther, *WA* Bd. 2, 755; Bd. 50 (1914), 272; Bd. 40/2 (1914), 114. 추가적으로 Karl Holl, *Ges. Aufs. z. Kirchengesch.*, Bd. 1, 2. u. 3. Aufl. (Tübingen 1923), 53. 321.

[90] Protokoll des Verhörs in Weimar am 1. August 1524, abgedr. Neue Mittheilungen aus dem Gebiet historisch-antiquarischer Forschungen, hg. v. J. 0. Opel, 12 (1869), 182 ff.

[91] Joh. Eberlin v. Günzburg, XV Bundtsgenossen (1521), Ausg. Sehr., hg. v. Ludwig Enders, Bd. 1 (Halle 1896). 콘라트 셀티Konrad Celtis의 인본주의적인 '친교sodalitas'가 본보기 역할을 했을 수 있는데, 이 명칭은 과거 로마의 종교적이었다가 그 후 정치적 색채를 더한 형제동맹Bruderschaft에서 비롯되었다.; vgl. Michael Seidlmayer, *Wege und Wandlungen des Humanismus* (Göttingen 1965), 177 f.; Paul Joachimsen, *Der Humanismus und die Entwicklung des deutschen Geistes*, Dt. *Vjschr. f. Literaturwiss. u. Geistesgesch.* 8 (1930), 419 ff.

[92] Zeumer, *Quellensammlung*, 235 (s. Anm. 18).

[93] Franz, *Quellen*, 365. 196. 131. 235. 438 ff. (s. Anm. 36). 449쪽에는 '구약Altes Testament'이 속세의 Bund 개념과 부정적인 형제동맹Bruderschaft 개념으로 사용되는 드문 경우를 보여주고 있다.

94 Franz, *Quellen*, 236.

95 Ebd., 231 ff.

96 Ebd., 196. 메란Meran 조항에서는 기존의 악습이 "하나님의 나라"에 방해가 된다는 이유로 새로운 란트 규정Landesordnung을 요청했다(ebd., 272).

97 Ebd., 198. 352. 362 ff.

98 Michael Sattler, Brüderliche vereynigung etzlicher kinder Gottes siben Artickel betreffend (1527), in: *Urkunden zur Geschichte des Bauernkrieges und der Wiedertäufer*, hg. v. Heinrich Böhmer (Berlin 1933), 30.

99 Bericht des Schossers zu Allstedt v. 28. Juli 1524 an Herzog Johann, *Neue Mittheilungen* 182 (s. Anm. 90).

100 Thomas Müntzer, *Briefwechsel*, hg. v. H. Böhmer u. T. Kim (Leipzig, Berlin 1931), 75.

101 Ebd., 88.

102 Ebd., 76.

103 Carl Hinrichs, *Luther und Müntzer. Ihre Auseinandersetzung über Obrigkeit und Widerstandsrecht* (Berlin 1952).

104 *Neue Mittheilungen*, 184 (s. Anm. 90).

105 Müntzer, *Briefwechsel*, 165.

106 Vgl. Thomas Nipperdey, Theologie und Revolution bei Thomas Müntzer, Arch. f. Reformationsgesch. 54 (1963), 145 ff.

107 *Neue Mittheilungen*, 183.

108 Vgl. Thomas Murner, *Von dem großen Lutherischen Narren* (1522), hg. v. Paul Merker (Straßburg 1918), v. 328: Das niemans merck den argen List / Das Luthers ler ein buntschuh. ist. Vgl. 그 밖에 die Verse 2599 ff. u. Anm. 328, S. 308 f.

109 Luther, *WA* Br., Bd. 5 (1934), 76 f. Vgl. 그 밖에 ebd., 209 f. 259 f.

110 추가적으로 Hans v. Schubert, *Bündnis und Bekenntnis 1529/30* (Leipzig 1908).

[111] 1529년 7월 말/8월 초에 루터는 선제후 요한Johann에게 이런 의심을 제기한다. "한번 이야기해 봅시다. 이 동맹은 공허한 동맹이 아니라 자신이 인식하기에 부당하다고 생각되는 외부 세력들에게 저항하는 동맹입니다. 답변: 반대자들이 아무런 이유 없이 그냥 우리를 공격하려 한다는 것을 사람들이 분명히 알지 못합니다. 그래서 우리가 그와 같은 동맹의 불의에 저항한다는 것을 믿게 할 수 없습니다."; *WA Br.*, Bd. 5, 80.

[112] Ekkehart Fabian, *Die Entstehung des Schmalkaldischen Bundes und seiner Verfassung 1524/29~1531/35, 2. Aufl.* (Tübingen 1962), 92 ff., bes. 122, Anm. 620.

[113] 루터가 1532년에 선제후 요한 프리드리히에게 제기한 의구심, zit. Friedrich Hortleder, *Der Römische Keyser-und Königlichen Maiestäten Handlungen und Ausschreiben, [Bd. 1:] Von den Ursachen des Teutschen Kriegs* (Frankfurt 1617), 1223.

[114] 추측하건대 Bugenhagen 또는 Creutziger가 작성한 감정서, abgedr. Hortleder, Handlungen, Bd. 2 (1645), 1358 und in: *Philipp Melanchthon, Opera,* ed. Karl Gottlieb Bretschneider, Bd. 5 (Halle 1838), 719 ff.

[115] 1531년 2월 27일 슈말칼덴동맹증서 전문前文, in: *Urkunden und Akten der Stadt Straßburg, hg. v. Otto Winckelmann,* 2. Abt., Bd. 2 (Straßburg 1887), 18.

[116] Hortleder, *Handlungen,* Bd. 1, 1491.

[117] Abschied Nürnberg, 26. 5.1534, abgedr. *Die Schmalkaldischen Bundesabschiede 1533~1536,* hg. v. Ekkehart Fabian (Tübingen 1958), 43.

[118] 이미 Johannes Sleidan도 더 이상 슈말칼덴동맹의 자기 명칭을 고수하지 않는다. 라틴어(*De statu religionis et Reipublicae*, Straßburg 1558) 출판본에서 그는 'foedus'라는 표현을 신분동맹뿐만 아니라 외부 세력과 맺은 동맹 그리고 외부 세력 간의 동맹에도 사용한다. 독일어본(*Chronica: das ist Wahrhafftige und gewisse Beschreybung ......, darinn angezeigt, was sich in Geistlichen und Weltlichen Sachen under dem Großmechtigsten Keiser Carolo dem fünfften, verloffen hab*", Pforzheim 1557)에서는 'Bundt'와 'Bündtnuß'를 번갈아서 사용하고, 개신교 연합은 거의 schmalkaldischer 'Bundt'라고 칭

했다. 1593년 출판본(Johann Sleidan/Michael Benther, *Ordentliche Beschreibung und Verzeychniß allerley fürnemer Händel*, (Straßburg 1593)에서는 분명한 구별이 나타난다. 특히 외부 세력들 간의 또는 외부 세력들과의 협상이나 조약에서는 거의, 특히 부제副題로 'Bündsisse'라고 칭했다.

[119] *RTA*, jüngere Reihe, Bd. 7/2, hg. v. Johannes Kühn (1935), 13.21 ff. 슈말칼덴 인들은 황제와의 서신 교환에서 "기독교 이해christliches Verständnis"를 "기독교 지성intelligence christienne"이라고 번역했다. (1537); *Staatspapiere zur Geschichte des Kaisers Karl V.*, hg. v. Karl Lanz (Stuttgart 1845), 239.

[120] Winckelmann, *Urkunden*, 19.

[121] Fabian, *Entstehung*, 357 ff., bes. 358 f. (s. Anm. 112).

[122] Hortleder, *Handlungen*, 1344.

[123] Fabian, *Entstehung*, 358 u. ö.

[124] Vertrag vom 27. Februar 1531, Winckelmann, *Urkunden*, 19 und Fabian, *Entstehung*, 351.

[125] Gerd Dommasch, *Die Religionsprozesse der rekusierenden Fürsten und Städte und die Erneuerung des Schmalkaldischen Bundes 1534~1536* (Tübingen 1961).

[126] Otto Winckelmann, *Der Schmalkaldische Bund 1530~1532 und der Nürnberger Religionsfriede* (Straßburg 1892), 263. 291 ff.

[127] Ekkehart Fabian, *Die Beschlüsse der Oberdeutschen Schmalkaldischen Städtetage, Tl. 2* (Tübingen 1959), 144. 152 f.

[128] Instruktionsentwurf für eine Gesandtschaft an Heinrich VIII. von England vom 11. Mai 1536, abgedr. Fabian, *Bundesabschiede 1533~1536*, 108 f. (s. Anm. 117).

[129] Fabian, *Entstehung*, 300. 375 (Art. 15).

[130] Zit. Oswald Artur Hecker, *Karls V. Plan zur Gründung eines Reichsbundes. Ursprung und erste Versuche bis zum Ausgange des Ulmer Tages 1547* (phil. Diss. Leipzig 1906), 42; Horst Rabe: *Reichsbund und Interim. Die Verfassungs- und Religionspolitik Karls V.*

und der Reichstag von Augsburg 1547/48 (Köln, Wien 1971), 80. 126. 137 ff.

[131] *Correspondenz des Kaisers Karl V.*, hg. v. Karl Lanz, Bd. 1 (Leipzig 1844), 82.

[132] Der Nürnbergische catholische Gegenbundt, abgedr. Hortleder, Handlungen, 1343 ff.; dessen Ordnung oder Verfassung ebd., 1347 ff.

[133] Zit. Martti Salomies, *Die Pläne Kaiser Karls V. für eine Reichsreform mit Hilfe eines allgemeinen Bundes*, Annales academiae scientiarum Fennicae, Ser. B, Bd. 83 (Helsinki 1953), 111, Anm. 4. Die Verhandlungen zum Generalbund 1547 bei Phil. Ernst Spiess, *Geschichte des kaiserlichen neunjährigen Bundes vom Jahre 1535-44* (Erlangen 1788), 218 ff. 슈피스Spiess가 40쪽에서 기록한 것처럼, "원칙적으로 오늘까지도 일반 제국동맹의 현시점을 대표하는 영방평화를 개선하는 것에 그쳤다."

[134] Lanz, *Correspondenz*, Bd. 2 (1845), 81 ff.

[135] Ebd., 524 ff.

[136] Zit. Hecker, *Plan*, 86.

[137] Lanz, *Correspondenz*, Bd. 2, 528. 531.

[138] Zit. Fritz Hartung, *Karl V. und die deutschen Reichsstände von 1546-1555* (Habil. - Schrift Halle 1910), 38; Rabe, Reichsbund, 285.

[139] Zit. Hecker, Plan, 35.

[140] 바이에른이 페르디난트의 선출에 반대하면서 개신교 신분들과 체결한 잘펠트동맹Saalfelder Bund을 상기시키는 대목이다. 1531년에 금인칙서에서는 "Vereinigung und Einigung"라고 칭했고, 1533년에 규약 초안을 작성할 때에는 "eynung, vorstentnus einvorstentnus"이라고 표현했고, 라틴어로는 "foedus ac pactiones der confederati"라고 했는데, 프랑스가 군사 지원을 할 때에는 이런 명칭을 사용하지 않았다. *Andreas Sebastian Stumpf, Baiems politische Geschichte*, Bd. 1 (München 1816), Anh. S. 18 f. 40 ff. 45. f. 그 밖에도 마인츠, 헤센, 팔츠 그리고 프랑스 간에 1532년에 체결된 동맹이나 카를 5세가 방백 필립(1541) 또는 작센

의 모리츠(1546)와 체결한 조약 또는 바이에른, 팔츠, 뷔르템베르크 등이 1553년에 체결한 하이델베르크동맹을 참조.

141 Lanz, *Correspondenz*, Bd. 3 (1846), 539. 562 ff.

142 Zit. Hecker, *Plan*, 31 f.

143 August v. Druffel, *Briefe und Akten zur Geschichte des 16. Jahrhunderts*, Bd. 4 (München 1896), 147. 419 ff.; Salomies, Pläne, 220 (s. Anm. 133); Karl Brandi, *Kaiser Karl V. Werden und Schicksal einer Persönlichkeit und eines Weltreiches*, 5. Aufl. (München 1959), 518 f.

144 *Pünndtnuß* 또는 *Pundt* 라고도 불림; vgl. die Urkunde bei Franz Dominicus Häberlin, *Neueste Teutsche Reichs-Geschichte*, Bd. 17 (Halle 1785), X ff.

145 Art. 5 des Ahausischen Unionsrezesses vom 4. Mai 1608, abgedr. Chr. Friedrich Sattler, *Geschichte des Herzogthums Württenberg unter der Regierung der Herzogen*, Bd. 6 (Tübingen 1773), Beilagen S. 12. 동맹의 목적이 영방 평화 보호로 일반화된 것에 대해서는 s. Franziska Neuer-Landfried, Die Katholische Liga. *Gründung, Neugründung und Organisation eines Sonderbundes 1608-1620* (Kallmünz 1968), 123 f. 종파적 특수동맹을 제국법으로 문제 삼을 수 있는 가능성에 대해서는 ebd., 8 ff.

146 Zit. Andreas Sebastian Stumpf, *Diplomatische Geschichte der teutschen Liga im siebenzehnten Jahrhunderte* (Erfurt 1800), 5, Beilage 1.

147 Sattler, Geschichte, Beilagen S. 11. 신교 신분은 단 한 번, 그것도 아래 부분에서 등장한다.

148 Union의 구호, ebd.; S. 11; Liga의 설립 증서는 *Neuer-Landfried, Katholische Liga*, 222 ff.

149 Stumpe, Liga, 11, Beilage 1; vgl. 109, Beilage 6.

150 Sattler, Geschichte, Beilagen S. 10. 이미 조국을 구호로 내건 농민동맹들도 있었다. 수공업자들은 이들에게 소식을 전달하고 급할 때에는 도와야 했다.;

Franz, *Quellen*, 195 (s. Anm. 36). 1552년 Chambord의 반反황제 연맹도 "사랑하는 조국"을 구호로 내세웠는데, abgedr. in: *Geschichte in Quellen, Bd. 3, hg. v. Fritz Dickmann* (München 1966), 198. 그 후 라인동맹이나 1697년의 관구 연합 Kreisassoziation에서는 더욱 자주 이를 내세웠다.

151 *Briefe und Acten zur Geschichte des Dreißigjährigen Krieges in den Zeiten des vor waltenden Einflusses der Wittelsbacher*, Bd. 1, hg. v. Moriz Ritter (München 1870), Nr. 9. 62. 66. 84. 362. 411. 462. 528 u. ö.

152 Sattler, Geschichte, Beilagen S. 9 ff. 헌법 문건에 나오는 그 외의 표현들은 다음과 같다. "Vertrag, Vergleichung, Verstendtnuß, Ainigung, Verainigung und Zusammensetzung."

153 Sattler, Geschichte, Beilagen S. 16; Stumpf, Liga, 111 (1619에 두 지휘부 Directorium를 설치할 때).

154 Briefe und Acten, Bd. 8, hg. v. Karl Mayr (1908), 197.

155 Ebd., 664. 마찬가지로 1610년에는 "뮌헨동맹münchnerisch bund"이라는 명칭이 허용되지 않았다.; ebd., Bd. 7, hg. v. Karl Mayr (1905), 258. 언어 규칙에 대해서는 *Neuer-Landfried, Katholische Liga*, 87. 91. 120 ff. 1610년에는 "방어동맹 Defensivrettungsbund 및 가톨릭동맹Katholischer Bund에 저항하기 위해 여러 설명이 필요 없이 간단하게 수비 및 방어연합Defensiv−oder Schirmbsverainigung에 합의했다."

156 Briefe und Acten, Bd. 8, 757. 황제는 특수동맹을 "종교제도나 동맹Union으로 보지 않고 정치 제도로 파악할 것을 촉구했다." Khlesl이 말한 것처럼, "가톨릭 연합catholische union, 동맹bund, 신성동맹heilige liga이라는 이름은 불쾌하다"는 것이다(*Neuer-Landfried, Katholische Liga*, 120). 네덜란드 "동맹자들"은 1579년 1월 23일에 Utrecht에서 스페인 합스부르크가에 맞서 "Unie, Eeuwigh Verbondt ende Eendracht"로 결합했다. ; Jean Du Mont, *Corps universel diplomatique du droit des gens*, t. 5/1 (Amsterdam, Den Haag 1728), 322. 324.

[157] 1613년 레겐스부르크 의회Regensburger Tag의 언어 규칙에 대해서는: *Briefe und Acten*, Bd. 9, hg. v. Anton Chroust (1903), 589. 그 이후 몇 년 동안에 사용된 그 외 표현들은 "christlich rechtsmeßige Defension, Defensionswesen−vereinigung, −werck, −verein, −Verfassung" 등이 있다. Vgl. 그 밖에 *Briefe und Acten*, Bd. 6, hg. v. Felix Stieve (1895), 738.

[158] 1608년과 1609년의 사전 협상에서 사용된 liga의 스페인어 표현에 대해서는: *Briefe und Acten,* Bd. 6, 487. 523. 626. 550, "Union" 표현에 대해서는: ebd., 687 (Zunigas Instruktionen und Schriftwechsel mit Philipp III.). Felix Stieve는 *Der Ursprung des dreißigjährigen Krieges,* Bd. 1 (München 1875), 88에서 'Liga'가 프랑스−스페인의 'Ligue'에 기초해 모욕적인 이름이라고 추정한다. 피우스Pius 5세, 필립Philipp 2세 그리고 베네치아가 터키에 대항해 1570년에 체결한 유명한 조약은 'la Lega"라고 명명되었고, 강조해서는 "una Lega & Unione"로 명명되었다.; Du Mont, Corps universel, t. 5/1, 184 ff. 당시 '신성heilig'과 같은 추가 제목을 사용한 것에 대해서는 siehe Uberto Foglietta, De sacro foedere in Selimum libri IV (Genua 1587). 신성한 전투heiliger Kampf는 이단과 이교도들에 대항한 것이었다. 1620년 울름Ulm 구교와 신교 신분들 간의 "평화 협정Friedensaccord"은 "양 동맹Unionen에 의해" 체결되었다. *Der Römischen Kayserlichen Majestät und deß Heiligen Römischen Reichs······ Acta Publica,* hg. v. (Michael) Caspar Londorp, Bd. 2 (Frankfurt 1629), 794 f. Nicolaus Hier. 반면 Gundling은 1737년에 구교 신분들이 자신의 "동맹Bund"을 "신성동맹Heilige Ligue"이라고 불렀다고 순진하게 믿었다. *Vollst. Discors über den Westphalischen Frieden* (Frankfurt 1737), 30. 실제로 Renatus Karl Frh. v. Senkenberg는 1791년까지도 구교도들이 "동맹의 장소, 연도, 내용 그리고 참가자"들을 여전히 비밀로 하는 것에 유감을 가졌다.; Häberlin, *Reichs-Geschichte, fortgesetzt v. Senkenberg,* Bd. 22 (1791), 304.

[159] Dickmann, *Geschichte in Quellen,* Bd. 3, 198 (s. Anm. 150).

[160] Londorp, Acta, Bd. 4 (Frankfurt 1668), 315.

161 Johannes Kretzschmar, *Der Heilbronner Bund 1632-1635*, Bd. 2 (Lübeck 1922), 421. 426; Fritz Dickmann, *Der Westfälische Frieden* (Münster 1959), 151.

162 Londorp, Acta, Bd. 4, 302 (Rückblick aus dem Jahre 1633 bei den Bundesverhandlungen).

163 Ebd., 314 ff., bes. 317.

164 Ebd., 317.

165 Vgl. Gustav Adolf가 적진에 도착한 후 북독일 제후들과 맺은 양자 조약 참조. 즉 일부는 황제에 대한 신의 유보 조건이 있고 일부는 없는 "제휴Allianz" 그리고 "동맹Confoederation, Verwandtnis und Verbündnis bzw. foedus"; Dickmann, *Geschichte in Quellen*, Bd. 3, 310 ff.

166 Dickmann, Frieden, 145: 그는 "동맹confoederatio" 대신에 기껏해야 "방어와 상호약속defensio et obligatio reciproca" 정도만을 목표로 했다.

167 Du Mont, Corps universel, t. 6/1 (1728), 97 (s. Anm. 156).

168 Zeumer, Quellensammlung, 416 (s. Anm. 18).

169 Joh. Gottfried v. Meiern, *Acta pacis Westphalicae Publica oder: Westphälische Friedenshandlungen und Geschichte*, Bd. 1 (Hannover 1734), 326. 추가적으로 Dickmann, Frieden, 142 f. 트리어Trier의 주교는 프랑스인과 연맹Bündnis을 맺었다는 이유로 10년간 황제-교회가 선고한 구금형을 당했다. 1645년에 그를 석방한 것은 평화의 물꼬를 트기 위한 조건의 하나였다(vgl. Meiern, Acta, Bd. 3,1734,10).

170 Meiern, Acta, Bd. 2 (1734), 920.

171 전체적으로 중요한 내용은 Ernst Wolfgang Böckenförde, Der Westfälische Frieden und das Bündnisrecht der Reichsstände, *Der Staat* 8 (1969), bes. 267 ff. 1662년에 신교도 제후들은 1658년 선출 공약으로 인해 황제와 선제후에게 유리하도록 자신들의 지분이 축소되는 것에 반대해 하나로 뭉쳤다. 이 사법권에는 — 1648년 이후까지 — "전쟁과 평화법 조약일", "협약에 관한 것들", "법률의 공포", "국가의 재산 몰수" 등등이 포함된다., Sattler, *Geschichte*, 19, Beilage 6 (s.

Anm. 145).

171a Meiern, *Acta*, Bd. 2, 956; Bd. 3, 68.

172 Ebd., Bd. 2, 186. Vgl. Dickmann, Frieden, 328.

173 Meiern, *Acta*, Bd. 2, 920; Bd. 3 (1734), 59. 68; Bd. 4, 495. 샤이데만텔 Scheidemantel은 Bd. 1 (1782), 434에서 "예외가 원칙이 되어버렸다. 제국의회에서 Bündniss가 현실이 된 예는 거의 찾을 수 없었다"라고 말한다.

174 Vgl. oben S. 588 f. u. Art. 6 des Entwurfs einer beständigen Wahlkapitulation von 1711 bei Zeumer, Quellensammlung, 478에 나온 1711년 영구 선거 공약안 제6조도 참조.

175 Böckenförde, Frieden, 473.

176 Meiern, *Acta*, Bd. 2, 321. 323. 955. 이미 1609년에 한자는 "우리의 Verständnis가 동시에 경비, 상업, 자신들의 특별시에 대한 필요에도 적용되는 것이 아니라 상업에만 적용되어야 한다"는 데 대해서 반박했다. 역사에는 한자가 여왕, 세력가, 제후 그리고 영주들과 이끌어간 "협약과 전쟁들"이 수도 없이 많다.; Assertio libertatis reip. Bremensis (Bremen 1646). Scheidemantel은 Bd. 2 (1782), 415, 에서 Obrecht, Diss. de imperii Germanici eiusque statuum foederibus, § XV "한자는 국가의 협약이 아니라, 황제 이외의 조합의 법으로 간주된다"를 인용하며 국법론자들이 한자동맹을 점점 주권이 없는 "사회적 결합"으로 규정하도록 압박했다고 말했다.

177 Meiern, *Acta*, Bd. 2, 321. 956.

178 Ebd., Bd. 4 (1734), 492; Bd. 5 (1734), 762.

179 황제주의자들은 이런 방식으로 "프랑스인들이 모든 독일 신분들을 자신의 동맹자로 만들고, 프랑스의 동맹자"로서 황제에 대항하는 전쟁에 이들을 투입하려는 의도를 품고 있다고 "추정했다."; Meiern, *Acta*, Bd. 1, 275 f. Vgl. ebd., Bd. 1, 444.

180 Böckenförde, Frieden, 468.

[181] Meiern, *Acta*, Bd. 2, 919 f. u. passim. "사절들이 행한 말과 말투를 전부 정확하게 기록했다"는 마이에른의 주장에 대해서는 Bd. 1 서문 24 참조.

[182] Zedler는 Bd. 9 (1735), 1407에서 다음과 같이 정의하고 있다. "개별동맹은 몇몇 신분과 그 지역에만 해당하는 동맹이다. 일반 동맹은 황제 폐하와 모든 신분 그리고 허가와 면허를 가진 자들이 전체 제국의 이름으로 체결한다." Scheidemantel은 Bd. 2 (1782), 146에서 법률과 전통 및 최종 목적이 정당하면 제후 동맹이 허용된다고 명시하였다. "하지만 비밀 협의체가 이 점을 국가 정략의 원칙이나 통계에 따라 평가하는 것은 다른 문제이다.…… 일반 제후 연합은 관념상으로만 가능하고, 실제로 성사되려면 여러 난관을 극복해야 한다. 반면 특수동맹 및 개별동맹은" 의도는 그때마다 달랐지만 "제후들 사이에서 종종 성립되었다."

[183] Lebniz, *Bedenken welcher Gestalt Securitas publica interna et externa im Reich auf festen Fuß zu stellen*, AA 4. R., Bd. 1 (1931), 133 ff.

[184] Ebd., 138.

[185] Ebd., 145 ff.

[186] Ebd., 139 f. 155. 159. 163.

[187] Ebd., 169.

[188] Ebd., 165: Boineburg 가 삽입한 표현.

[189] 추가적으로 Roman Schnur, *Der Rheinbund von 1658 in der deutschen Verfassungsgeschichte*, Rhein. Arch. 47 (1955), 61 ff.

[190] Urkunden und Actenstücke zur Geschichte des Kurfürsten Friedrich Wilhelm von Brandenburg, Bd. 6: Politische Verhandlungen, Bd. 3, hg. v. Bernhard Erdmannsdörffer (Berlin 1872), 492 f.

[191] Ebd., 497 f.

[192] Ebd., 498.

[193] Ebd., 500: Waldeck는 제국 땅에서 체결된 Bündnissen와 다르게 "제국 외부의

Alliancen"라고 대조해 부르고 있지만 당시에는 거의 엄격하게 적용되지 않았다.

[194] Zit. Bernhard Erdmannsdörffer, *Deutsche Geschichte vom Westfälischen Frieden bis zum Regierungsantritt Friedrichs des Großen 1648-1740*, Bd. 1 (Berlin 1892), 136, Anm. 1. Kopp, Gründliche Abhandlung (s. Anm. 79), Vorrede, zustimmend zit. Joh. Jacob Moser, *Neues teutsches Staatsrecht*, Bd. 10 (Frankfurt, Leipzig 1773; Ndr. Osnabrück 1967), 276.

[195] Unvorgreiflicher Vorschlag wegen Armir—und Associirung der sechs nechst am Rhein gelegenen Creysen, abgedr. Kopp, Gründliche Abhandlung, Beilage XV, S. 61 ff. 추가적으로 Aloys Schulte, *Markgraf Ludwig Wilhelm von Baden und der Reichskrieg gegen Frankreich 1693-1697*, Bd. 1 (Karlsruhe 1892), 336 f.; Richard Fester, *Die Armirten Stände und die Reichskriegsverfassung 1681-1697* (Frankfurt 1886), 135ff.; Gustav Adolf Süss, *Geschichte des Oberrheinischen Kreises und der Kreisassoziationen in der Zeit des spanischen Erbfolgekrieges (1697-1714)* II. Zs. f. d. Gesch. d. Oberrheins 104 (1956), 204 ff.

[196] Moser, *Staatsrecht*, Bd. 10, 765. 772.

[197] Vgl. u. a. Hartung, Fränkischer Kreis (s. Anm. 15); Traugott Malzan, *Geschichte und Verfassung des Oberrheinischen Kreises von den Anfängen bis zum Beginn des Dreißigjährigen Krieges* (phil. Diss. Mainz 1952); Carl Erdmann, Ferdinand I. und die Kreisverfassung, Hist. Vjschr. 24 (1929), 18 ff.

198 Gerhard Oestreich, Verfassungsgeschichte vom Ende des Mittelalters bis zum Ende des alten Reiches, in: *Bruno Gebhardt, Handbuch der deutschen Geschichte*, 9. Aufl., Bd. 2 (Stuttgart 1970), 366 ff. 381 ff. mit Lit.

199 Ernst Langwerth v. Simmern, *Die Kreisverfassung Maximilians I. und der Schwäbische Reichskreis in ihrer rechtsgeschichtlichen Entwicklung bis 1648* (Heidelberg 1896), 397. 400.

[200] Kopp, Gründliche Abhandlung, Beilage II, S. 4 ff., bes. 6: Allianz—

Recess zwischen dem Chur–und Ober–Rhein v. 12. April 1651, 추가적으로 Erdmannsdörffer, *Dt. Geschichte*, Bd. 1, 136; Adolf Köcher, *Geschichte von Hannover und Braunschweig 1648~1714*, Bd. 1 (Leipzig 1884), 609 f.: Urkunde des (erst historiographisch so genannten) Hildesheimer Bundes vom 14. 2.1652.

[201] Kopp, Gründliche Abhandlung, Beilage XVII, S. 74 ff.

[202] Nördlinger Tractat oder Assoziations–Recess vom 20. März 1702; ebd., 88 f.

[203] Süss, Oberrheinischer Kreis (s. Anm. 195). Johann Jacob Moser는 *Neuen teutschen Staatsrecht*, Bd. 10, Kap. 8에서 관구 연합이 어떻게 쇠퇴했는지, 그리고 1748년에 어떻게 최후를 맞이했는지를 설명하고 있다. 그는 관구 연합이 "연방국가 시스템Systema foederatarum Civitatum으로서 공동의 수장이 없었고", 제대로 된 지도부도 없었으며, 국고나 정규 협의체도 없었을 뿐만 아니라 종파적 대립과 미래 계획의 부재에 시달렸다는 점을 그 이유로 들었다. "그리고 관구들이 함께 해결해야 하는 위기가 닥치면, 큰 궁정은 이런 생각을, 다른 궁정은 다른 사적인 생각을 하고 있고, 한쪽에서는 놀라기만 하고, 두 번째는 이득을 취하고, 세 번째는 중립을 유지하고, 네 번째는 의견을 모을 때까지 기다리자고 하고, 다섯 번째는 뭘 해야 할지 모르는 상태가 계속되었다(277)."

[204] Köcher, *Hannover*, 609 ff.

[205] Ebd., 609.1654년 12월 15일자 라인연합Rheinische Allianz에 대해서는: Du Mont, Corps universel, t. 6/2 (1728), 98; '프랑크푸르트연합Frankfurter Allianz'에 대해서는 (1658년 8월 14일자 '라인동맹Rheinbund') ebd., 235.

[206] Köcher, Hannover, 612; Du Mont, Corps universel, t. 6/2, 99. 237 f.

[207] 루이14세가 '프랑크푸르트연맹Frankfurtischen Alliantz'에 가입한 것은 전통에 따라 불어로 1658년 8월 15일자 별도의 조약을 통해서였는데(Du Mont, Corps universel, t. 6/2,239 f.), 이때 조약 체결자들의 상호성과 평등성이 강조되었다. 명칭은 한 번만 "union"이었고, 그 외에는 "방위동맹alliance défensive 또는 개별 협약convention particulière"이었다. 라틴어로 작성된 문서에서는(Londorp, Acta, Bd. 8,

422 f., s. Anm. 158) 계속 foedus라고 불렀다. 그 직후 "라인동맹foedus Rhenanum" 으로 불렀다. ; vgl. Leibniz, *De foedere Rhenano* (1670?), AA R. 4, Bd. 1 (1931), 499. '라인동맹Rheinbund' 이라는 명칭은 훨씬 늦게야 정착되었다. 그래서 Kopp 은 Gründliche Abhandlung, 72에서 "라인연맹Rheynischen Alliantz" 또는 "라인 대 동맹Großen Rheynischen Bund"이라는 표현을 썼다. 하필이면 그가 라인동맹을 중세 후기 동맹과 사회의 전통으로 분류한 작가라는 점이 주목된다.

[208] 언급된 조약들을 참고; 브란덴부르크Brandenburg와 브라운슈바이크-뤼네부르크Braunschweig-Lüneburg 간에 1655년 7월 19일에 체결된 '수비동맹Defensiv-Alliance' 도 참조; in: Theodor v. Moerner, *Kurbrandenburgs Staatsverträge von 1601-1700* (Berlin 1867), 184 ff.

[209] Vgl. Du Mont, *Corps universel*, t. 6/2. 163. 236. 240; Köcher, *Hannover*, 636; Erdmannsdörffer, *Dt. Geschichte*, Bd. 1, 138 ff.

[210] Einladungsschreiben der Rheinbundfürsten an Braunschweig-Lüneburg und Hessen-Kassel vom 29. 4.1656, Köcher, *Hannover*, 703; vgl. 637 u. ö.

[211] Georg Friedrich v. Martens, *Recueil de traites*, 2. Aufl, Bd. 4 (Göttingen 1818), 18 ff. Auszug bei Ellinor v. Puttkamer, *Föderative Elemente im deutschen Staatsrecht seit 1648* (Berlin, Göttingen, Frankfurt 1955), 53 ff.

[212] Karl Otmar Frhr. v. Aretin, *Heiliges Römisches Reich 1776-1806. Reichsverfassung und Staatssouveränität*, Bd. 2 (Wiesbaden 1967), 134, Nr. 23.

[213] Ebd., 143에서 Trauttmansdorff는 Dohm이 1785년에 쓴 글 'Über den deutschen Fürstenbund'에 대해서 언급하고 있다. 그 밖에 1788년에 라인란트에서 Kaunitz에게 쓴 메테르니히의 보고서 참조: ebd., 179 ff.

[214] Chr. Friedr. Daniel Schubart, Sämmtliche Gedichte, Bd. 2 (Stuttgart 1839), 328.

[215] Vgl. Stumpf, *Baierns Geschichte*, Bd. 2 (1817), 41 f. für den Saalfelder Bund 1533 (s. Anm. 140); Spiess, *Geschichte*, 67. 79. 97. 110 ff. (s. Anm. 133) für den kaiserlichen Bund 1535; 그 밖에 Hortleder, *Handlungen*, Bd. 1, 1344 (s. Anm.

113) für den Nürnbergischen Catholischen Gegenbundt von 1538; Stumpe, *Liga* (s. Anm. 146) für die Liga 1609; Du Mont, *Corps universel*, Bd. 6/2, 236 에는 1658 년의 '프랑크푸르트동맹Frankfurtische Alliantz' 대신에 "Confoederirten, Alliirten" 와 "Bundsgenossen"이 동시에 등장한다. "Bundshülffe"도 마찬가지이다.; 끝으로 Kopp는 자신의 역사 설명에서 해당 표현을 사용하는데, 이들 표현은 1697 년 이후의 관구 연합에는 더 이상 등장하지 않는다.; gründliche Abhandlung, passim (s. Anm. 79).

216 Besold (1649), 133.

217 Zedler Bd. 4 (1732), 1255 ff. u. Suppl. Bd. 4 (1754), 994 ff.

218 Dt. Enc., Bd. 4 (1780), 613 ff., bes. 615.

219 Pomey, Grand dict. Royal, t. 2 (1715), 129; t. 3, 70. Nathanael Duez, *Dictionnaire françois-allemand-latin* (Leiden 1642)에서는 "Alliance"를 아직 "Verbündniß/Bund/Foedus"로 옮기고 있다.

220 Adelung 2. Aufl., Bd. 1 (1793), 1254.

221 Zedler Bd. 11 (1735), 633 ff.; Bd. 39 (1744), 838 f. 792; Bd. 33 (1742), 1431. 그 밖에 Hübner 8. Aufl. (1717), 1627 und Leu Bd. 6 (1799), 468. 스위스는 1315년의 "동맹Bund"에서 유래한 "공화국Rebublik"으로 정의된다.

222 예컨대 1576년의 신성동맹heilige Liga에 대해서와 같이 역사적인 설명이 제공 되는 않는 한, 'Liga' 또는 'Ligue'는 17세기와 18세기에는 부정적인 의미를 획득 한 사실이 눈에 띈다. bei Duez, Dict. (1642): Eine Verbundene Rotte/Factio oder im Dict. franç.-all.-lat. (1675) = Bund oder bande faction, ein Verbündnuß/ Zusammengeschworner Hauff/Factio oder bei Stieler, Zeitungs-Lust (1695), 208, ebenfalls ein Verbündniß/Zusammenschwerung und Rottirung. 'Union'은 중립적 으로 Vereinigung, Vergleichung (Wohlm. Unterricht, 1755, Anh. 75), Vereinigung, Verein (Campe, Fremdwb., 1813, 598), Vereinigung, Einigkeit, Eintracht; der Vergleich, das Bündnis (Roth Bd. 2 (1788), 554) 또는 "ein Bündnis" (Hübner 8.

Aufl., 1904)처럼 간주된다.

223 'Einung'은 마지막으로 Schottel, *Sprachkunst*, 2. Aufl. (1651), 340에서 등장하고, 그 이후에는 Einigung과 함께 설명되어 있는 Dt. Enc., Bd. 8 (1783), 131에서 등장한다. vgl. ebd., 82.

224 Hübner 8. Aufl. (1717), 64; Jablonski 2. Aufl., Bd. 1 (1748), 36; Roth Bd. 1 (1788), 10.

225 Zedler Bd. 1 (1732), 1255.

226 Halle Bd. 2 (1780), 431, 프랑스어에서.

227 Zedler Bd. 1, 1255 ff., bes. 1257.

228 《독일 백과사전*Deutschen Enzyklopädie*》에서는 보통 "Allianz"를 국가의 당연한 필요에서 추론해낼 수 있는 일반 개념으로 사용하고 있다. 정치적—지리학적 내용을 담은 한 장章을 할애해 유럽의 동맹을 설명하고 있는데, 이와 반대로 "Bündnisse"라는 표현은 그리스인과 로마인, 그리고 특히 독일 국법에 사용된다. 관련 조항에서는 베스트팔렌조약 이래의 규정들을 매우 상세하게 요약하고 있다. 전체 제국과 관련된 동맹별로 분류되어 있는데, 황제들은 규정과는 다르게 이들 동맹을 대부분 제국의회의 동의 없이 체결했다. 그 밖에도 신분들이나 황제가 자신이 물려받은 땅의 주인의 입장에서 체결하는 특수동맹으로도 분류되었다. 마지막으로 과거 중세의 동맹들로도 분류되었다.; Dt. Enc., Bd. 1 (1778), 364 ff.; Bd. 4, 579 ff, bes. 580.

229 Adelung 2. Auff, Bd. 1 (1793), 1257.

230 Roth Bd. 1, 93; Campe, Fremdwb., 216. 219; Zedler Bd. 6 (1733), 980. Adelung은 2. Aufl. Bd. 1 (1793), 217에서 동맹Allianz을 "별다른 이유도 없이 프랑스어의 Alliance에서 빌려온 단어"라고 기록했고, 반면 Campe는 Fremdwb., 99에서 Allianz라는 단어를 포기하고 그 대신에 "3국 동맹과 4국 동맹, 3국 연합과 4국 연합 및 3자 동맹 및 4자 동맹"을 제안했다.

231 Siegfried Brie, *Der Bundesstaat. Eine historisch-dogmatische Untersuchung* (Leipzig

1874); Otto v. Gierke, *Johannes Althusius und die Entwicklung der naturrechtlichen Staatstheorien* (1880; 5. Aufl. Aalen 1958), Kap. 5; Louis Le Fur/Paul Posener, *Bundesstaat und Staatenbund in geschichtlicher Entwickelung* (Breslau 1902); Otto v. Gierke, *Das deutsche Genossenschaftsrecht*, Bd. 4: *Die Staats- und Korporationslehre der Neuzeit* (Berlin 1913); Godehard Josef Ebers, *Die Lehre vom Staatenbunde* (Breslau 1910); Albrecht Randelzhofer, *Völkerrechtliche Aspekte des Heiligen Römischen Reiches nach 1648* (Berlin 1967).

232 Jean Bodin, *Respublica, das ist: Gründtliche und rechte Underweysung······ 1, 2*, dt. von *Johann Oswaldt* (Mömpelgard 1592), 71 ff. In der lateinischen Fassung (De Republica, 4. Aufl. 1601): ="보호 및 예속에 대하여De patrocinio et clientela"; "외국인 동료quantumque socius a peregrino", "동료서의 시민civis a socio", "양쪽과는 거리가 먼 피보호 민족cliens ab utroque distet".

233 Ebd., dt. Ausg., 76; lat. Ausg., 109 f.: "협정이든 약정이든 간에 모든 협약에서 황제의 권리와 각 제후의 권리 또는 상대방의 권한이나 보증을 맺는 상대방의 권리는 당연히 침해되어서는 안 된다."

234 Ebd., dt. Ausg., 81.

235 Ebd., lat. Ausg., 116.

236 Ebd., dt. Ausg., 78 f.

237 Ebd., dt. Ausg., 82 ff.

238 Ebd. 5, 6.

239 주 231에 언급된 문헌에 등장하는 많은 출처들 외에도: Martinus Landensis, Tractatus de confederatione, pace et conventionibus principum, in: *Volumen XIII tractatum ex variis juris interpretibus collectorum* (Leiden 1549)에서는 'confederatio'가 주로 '평화'와 관련된다.; Joannes Lupus [Lopez], Tractatus dialogicus de confederatione principum, ebd.,에서는 동맹의 근거와 정당성을 성서로부터 이끌어내고, 이교도와의 동맹은 부정하며 최종적으로 교황과 연결시킨다. 영혼

을 영원한 조국으로 안내하기 위해서 "그리스도의 대리자인 교황은 조약과 동맹, 그리고 세상의 통일로 모든 신자(양)들을 지켜야 하며, 범죄와 추문을 격퇴시켜야 한다." Philipp Adolph v. Münchhaussen, *De foederum jure [Disputation bei Besold]* (Tübingen 1615) mit zahlreicher Lit.; Hugo Grotius, *De jure belli ac pacis* (1625) 1, 3 ; 2, 15; Alsted 3. Aufl. (1649), Buch 23, Kap. 9; Spinoza, *Tractatus theologico-politicus, Kap. 16* (Hamburg [d. i. Amsterdam] 1670); 18세기에 대한 요약적 기술로는 Scheidemantel Bd. 1 (1782), 431 ff.; ders., *Das Staatsrecht nach der Vernunft und Sitte der vornehmsten Völker*, Bd. 3 (Jena 1773), 300 ff.

[240] Münchhaussen, De foederum jure, § § 1~5.

[241] Vgl. J. N. Hertius, *Commentationum atque opusculorum de selectis et varioribus ex jurisprudentia universali······ argumentis volumen primum* (Frankfurt 1716), 99에서는 Pufendorf의 방식대로 Hobbe에 저항하는 방식으로 공동 생활socialitas을 이해하려고 하는데, 하지만 Pufendorf와는 반대로 동맹과 국가 간의 중간 형태를 구하려고 노력한다(s. Gierke, Althusius, 248). 반면 그가 쓴 '*Elementa prudentiae civilis*' (Frankfurt 1712), 172에서 동맹foedus을 주권으로 분류한 것과 비교하기 바란다. "고유의 의미로 동맹은 통치권의 침해 없이 두 개의 국가 또는 다수의 도시가 우호 조약의 실천, 병력의 제공, 조합의 상업 활동을 수행하는 것으로 정의할 수 있다."

[242] Locke, Of Civil Government 2, 12.

[243] Münchhaussen, De foederum jure, § § 12. 3 ff. 19. 25.

[244] Schweser Bd. 2 (1755), Kap. 37; J. J. Moser, *Teutsches Nachbarliches Staatsrecht* (Frankfurt, Leipzig 1773 [= Neues teutsches Staatsrecht, Bd. 19 im Gegensatz zum Bd. 20: Teutsches Auswärtiges Staatsrecht (Frankfurt, Leipzig 1772)]; Ndr. Osnabrück 1967).

[245] *Titel einer Disputation bei Besold von Joh. Michael Bender* (Tübingen 1614). 근대 초기 이 이론의 역사에 대해서는 Horst Dreitzel, *Protestantischer Aristotelismus und absoluter Staat. Die 'Politica' des Henning Arnisaeus* (Wiesbaden 1970), 285 ff.

246 이에 대한 기본적인 내용은 Gierke, Althusius; 용어에 대해서는 그의 Hoenonius 인용 참조, ebd. 245.

247 Joh. Ulrich Wolff, *De statu reipublicae subalterno* (Tübingen 1614), § 6 [Disputation bei Christoph Besold].

248 Ludolph Hugo, *Dissertatio de statu regionum Germaniae et regimine principum summae imperii rei publicae aemulo*······ (Helmstedt 1661). 추가적으로 Brie, *Bundesstaat*, 17 ff. (s. Anm. 231); Gierke, Althusius, *246 und pointiert Hugo Preuss, Gemeinde, Staat und Reich als Gebietskörperschaften* (Berlin 1889), 12 ff.

249 [Leibniz,] *Caesarini Fürstenerii De jure suprematus ac legationis principum Germaniae* (Amsterdam 1677), c. 11에서는 "confoederatio"에서 "unio"로 고양된 것도 "societas"와 "collegium"의 차이로 설명하고 있다.

250 Pufendorf, *De jure naturae et gentium* (1672) 7, 5, § 18.

251 Grotius, *De jure belli* 1, 3, § 7, 2. Vgl. auch Polybios, Hist. 2, 37; 4, 26.

252 Pufendorf, De republica irregulari, in: *Dissertationes academicae selectiores* (Lund 1675), 435: si non tarn formulas vocabulorum, quam vim et effectum respicias; dt. u. d. T.: *Gründliche Untersuchung von der Art und Eigenschafft eines irregulairen Staats* (Leipzig 1715) [anschließend an: Gründlicher Bericht von dem Zustande des H. R. Reichs Teutscher Nation, 2. Aufl. (Leipzig 1715)], 1187. 1189. Vgl. auch ebd., 1151.

253 Amisaeus의 유사한 발생학적 관찰 방법에 대해서는 s., Dreitzel, *Amisaeus*, 294. 302.

254 Severinus de Mozambano [d. i. Pufendorf]De statu Imperii Germanici 6, 9, hg. v. F. Salomon (Weimar 1910), 127.

255 Vgl. Anm. 252 und: De systematibus civitatum, ebd., 264 ff., bes. 266: "우리는 다수의 도시국가들이 상호 간의 유대로 결합되어 하나의 국가를 형성한 것을 국가 시스템이라고 부른다. 그리고 그것은 하나의 몸체를 형성한 것과 같다고

볼 수 있다. 하지만 개별 국가들은 각각의 최고 통치권을 보유한다." "통일unio"
로 나아가는 과정, "통일unio"에서 "국가civitas"까지는 개별적으로 헌법적 기준으
로 설명된다.

256 Ders., De rep. irregulari, § § 22. 25 (S. 436 f. 444 ff.).

257 Ebd. § § 13 f. (S. 409 ff.); dt. Ausg., 1153−1158. 1164.

258 《게르만제국의 상황에 대하여De statu Imperii Germanici》를 번역하는 과정에서
도 (옛 '동맹적bündisch' 표현에 의존하여) 라틴어 표현을 독일어로 바꾸는 일이 끝
내 관철되지 못했다. (비교적 상태가 좋은 번역인) 1669년 번역에서는 ('Discurs
oder gründlicher Bericht······', Nr. 21 der Ausg. v. Salomon, 15; vgl. Anm. 254) "Unio"
를 "Vereinigung"으로, "societas"를 "Gesellschaft"로, "foedus"를 "Bund" 또
는 "Bündnüss"로 번역했는데, "systema"는 완전히 다양하게 "Bündnüss"
(271), "Zusammenfügung"(273), "Zusammenfassung"(241), 또는 같은 의미인
"Bundsgesellschaft"(273)로 번역하거나 "서로 결합된 많은 공화국들이 상호 간에
만든 체제"라고 서술적으로 번역했다(294; =systema aliquod plurium rerumpublicarum
foederatarum; Ausg. Salomon, 150). 그 밖에 "그것은 (제국) 개념이나 여러 가까
운 동맹의 태도에는 자기 편향적이다."(242; −ad foederatorum aliquod systema ultro
vergit)라고 했는데 아마 이는 독자들도 거의 이해하지 못했던 것 같다. 훨씬 상태
가 나은 1710년(= Ausg. Salomon, Nr. 22)이나 1715년(−Ausg. Salomon, Nr. 23) 번역
은 라틴어 전문 용어를 그대로 독일어 문서에 수용했고 라틴어 문자를 통해 강
조했다.

Harry Bresslau는 자신의 번역에서 국가연합Staatenbund과 연방국가Bundesstaat의
양자택일을 피하려고 "Föderativstaat"라고 했는데, Heinrich Dove는 자신의 번
역(Leipzig 1877)에서 이를 회고하여 다루었다(18세기에 시스템 개념을 국제법적 규정
하의 정치적 국가 시스템으로 확대한 것도 참조).

259 J. J. Moser, Von Teutschland und dessen Staatsverfassung überhaupt (Stuttgart 1766),
550는 Kanzler Hert의 말에 동의하는 입장인데, 부정하는 내용에만 동의하고 있

다. 즉 Moser는 (舊 제국의 대표자로서) "함께 더 큰 공동체 국가를 구성하는 단지 결합만 된 국가들이라는 표현" 역시 독일 국가 체제에는 적절한 표현이 아니라고 보았다.

260 Daniel Nettelbladt, *Systema elementare universae iurisprudentiae naturalis* (Halle, Magdeburg 1785), 483 f., § § 1172 ff. (nach Gierke, Althusius, 249 sinngleich mit der 1. Aufl. 1762 und der 3. Aufl. 1765). 'Systems'을 'Bund'로 거꾸로 번역한 경우로는 Justi, *Die Natur und das Wesen der Staaten* (1759) als die Quelle aller Regierungswissenschaften und Gesetze mit Anmerkungen, hg. v. H. G. Scheidemantel (Mitau 1771), 221 ff. (dank frdl. Hinweis von H. Dreitzel). 그는 여기서 "공동체적인 결합, 또는 서로 영속적인 동맹 관계에 있는 많은 자유 국가들"에 대해 이야기하고 있다. 이 국가들은 공화국이나 왕국이 아닌 것이 최선이라고 한다. "이러한 결합의 최종 목적은 공동 방어이다. 동맹의 모든 법률은 이 항목만을 다룰 수 있으며, 동맹이 개별 국가의 국내 문제에 해당하는 법률을 제정한다면 이는 동맹의 성격이나 특히 개별 국가의 자유에 반한다." 동맹은 "파견된 대표자들"에 의해 지배되고, "이러한 동맹은 독일에서처럼" 또는 마케도니아 왕 아래의 그리스인들처럼 수장首長을 가질 수 있다. 제국에 대한 이러한 부차적인 정의, 즉 공동 수장을 가진 자유 국가들의 동맹이라는 Pufendorf의 주장과 같은 방향으로 정의한 것에 대해 발행인은 이렇게 불평한다. "von Justi 씨는 황궁에서는 이 말에 책임질 수 있을지 모릅니다. 하지만 Heinr. Christian Senkenberg가 *De forma systematis Germaniae* (Gießen 1724), Kap. 6에서 보여주는 것처럼 많은 독일 국가학자들은 그에게 찬성하지 않을 것입니다." Justi는 제후들의 세력이 동일하지 않음에도 의결권이 동등하게 인정되는 것 때문에 제국을 비난하면서도 주장을 통해 체제의 현실에 스스로를 맞춘다. "그러나 완전한 상위 권력이 존재하지 않기 때문에 한 국가가 전쟁을 일으켜 다른 나라를 공격하는 것은 동맹의 성격에 크게 위배되는 것은 아니고", 이로써 개념은 경험론에 유리하게 다시 완화되었다.

[261] Joh. Stephan Pütter, *Beyträge zum teutschen Staats-und Fürstenrechte* (Göttingen 1777), 19 ff.

[262] Ders., *Institutiones iuris publici Germanici*, 4. Aufl. (Göttingen 1787), 36; dt. v. Carl Anton Friedr. Graf von Hohenthal u. d. T.: *Anweisungen zum deutschen Staatsrecht* (Bayreuth 1791), 32.

[263] Pütter, Beyträge, 21.

[264] 이 견해는 스위스에서조차도 수긍하지 못하고 있다. 즉 스위스는 "공동의 안보와 유지를 위해 맹세와 동맹을 통해 구성된 제도이고 국가"라는 것이다.; Leu Bd. 6 (1799), 476.

[265] H. G. Scheidemantel, *Das allgemeine Staatsrecht überhaupt und nach derRegierungsform* (Jena 1775), 398 ff. Scheidemantel은 'Bund'라는 표현이 역사적인 용어라고만 알고 있기 때문에 이런 유형을 뜻하는 "결합동맹 Vereinigungsbündnis"이라는 표현은 외교정책 동맹의 유형으로 분류해야 한다.; *Staatsrecht*, Bd. 3, 300 f. (s. Anm. 239).

[266] Ebd. 네덜란드에는 "의회Generalstaaten가 있고 미국에도 의회Kongreß가 있지만 원래의 상위 통치권Oberherrschaft이 없다."

[267] Pütter, Beyträge, 25 f.

[268] Karl Friedrich Häberlin, *Handbuch des Teutschen Staatsrechts*, 2. Aufl., Bd. 1 (Frankfurt, Leipzig 1794), 122.

[269] Nikolaus Thaddäus Gönner, *Deutsches Staatsrecht*, Bd. 2 (Augsburg 1805), 64.

[270] Pütter, *Beyträge*, 38.

[271] 그럼에도 불구하고 공동 국가 수반은 있다.; Häberlin, *Handbuch*, Bd. 1, 146.

[272] Scheidemantel Bd. 2 (1782), 274.

[273] Ders., *Staatsrecht*, 404.

[274] Gönner, *Staatsrecht*, Bd. 1 (1805), 2; "독일은 하나의 국체로서 다수 국가로 구성되어 있다는 성격으로 인해 유일한 사례가 되는데, 이 국가들은 국가연합을

통해서가 아니라 공동의 최상위 국가 권력 아래에서 하나의 Verein으로 서로 결합되어 있고 결과적으로 하나의 국가로 묶여있다."

[275] Ebd., 64 f.

[276] Gönner는 'Verein'을 모든 신분 결합의 상위 개념으로 사용했다. 여기서 그는 1) 국가 체제의 일부인 필수불가결한 연맹(제국의회, 제국관구), 2) 원래는 개인적 연맹이었지만 이제는 제국헌법의 승인을 받는 연맹(요양협회, 관구연합), 그리고 3) 허용은 되지만 국가 체제로 간주되지 않고 따라서 국법에 포함되지 않는 연맹 (독일 제후동맹Deutscher Fürstenbund, 즉 Bündnisse)으로 구분했다.; *Staatsrecht*, Bd. 1, 124 ff. (dank frdl. Hinweis von Herrn Markert).

[277] Hegel, *Die Verfassung des Deutschen Reichs*, hg. v. Georg Mollat (Stuttgart 1935), 1.

[278] 추가적으로 Jacob ter Meulen, *Der Gedanke der internationalen Organisation*, 2 Bde. in 3 Teilen (Den Haag 1917/1940); Kurt v. Raumer, *Ewiger Friede. Friedensrufe und Friedenspläne seit der Renaissance* (Freiburg, München 1953); Rolf Hellmut Foerster, *Europa. Geschichte einer politischen Idee, mit einer Bibliographie von 182 Einigungsplanen aus den Jahren 1306 bis 1945* (München 1967); ders., *Die Idee Europa 1300-1946. Quellen zur Geschichte der politischen Einigung*, dtv-Dokumente (München 1963).

[279] 포디브레드Podiebrad 왕과 마리니Marini 당시에는 연방의회를 "몸통corpus, 보편 자 또는 합의체Universitas oder collegium"라고 불렀다. 즉 모든 시대에 있어서 조약 형식은 "결합connexio, 평화pax, 형제애fraternitas, 평화협정concordia, 연합unio" 이었고, 그 목표는 "참되고, 순수하고 견고한 평화, 그리스도인들 간에 하나됨 과 존중"이었다. vera, pura et firma pax, unio et charitas inter Christianos; zit. *Memoires de M. Ph. de Comines, nouvelle éd. par Godefroy et l'abbé Lenglet du Fresnoy*, t. 2 (London, Paris 1767), 424ff. 평화의 이상향을 추구하는 과정에서 이들 형식이 변화한 것은 여기서는 더 이상 자세하게 다룰 수 없다.

[280] Raumer, *Ewiger Friede*, 153. Formulierung der mittsiebziger Jahre: *Die letzte*

Vollkommenheit: Völkerbund; Handschriftlicher Nachlaß, AA Bd. 15/2 (1913), 783.

281 Kant, *Zum ewigen Frieden (1795), 2. Definitivart*, AA Bd. 8 (1912), 356.

282 Ebd., Anh. I. AA Bd. 8, 371. 379. 칸트는 자신의 '윤리 형이상학Metaphysik der Sitten', § 61에서 (도달할 수 없는) "민족들의 국가Völkerstaat"의 의미로 (이를 통해 한 민족이 한 국가가 되는 것과 유사하게) "국가연맹Staatenverein"이라는 개념을 사용하고 있다. 반면 국제연맹Völkerbund은 통치 권력이 없는 조합Genossenschaft(Föderalität)으로서 상상할 수 있는 "영구한 국가 의회들Staatenkongreß의" 또는 (더 축소된) "언제라도 해체할 수 있는 여러 국가의 결합"으로서 등장한다. 이는 당시 용어가 융통성 있게 사용되었다는 증거로, 칸트는 상대방에 따라 이 표현을 세심하게 선택적으로 사용했다.

283 Rudolf Vierhaus, *Überstaat und Staatenbund. Wirklichkeit und Ideen internationaler Ordnung im Zeitalter der Französischen Revolution und Napoleons, Arch. f. Kulturgesch.* 43 (1961), 329 ff.

284 Kant, *Zum ewigen Frieden*, 2. Definitivart. AA Bd. 8, 356.

285 독일에서는 "연방 공화국république fédérative"에 대한 몽테스키외Montesquieu의 문구(Esprit des lois 9, 1 ff.)가 이미 알려져 있었다고 짐작되는데, 무엇보다 de Jaucourt가 'Encyclopédie'에서 같은 제목으로 거의 글자 그대로 표현했기 때문이다. 그는 "연방 공화국république fédérative"은 국내적으로 공화제 정부의 장점과 외부적으로 군주의 세력을 하나로 통합한다고 말한다. 고대의 "연합associations"과 도시동맹 외에 현재에는 네덜란드, 독일 그리고 "스위스 연방les ligues suisses"이 국내적으로 가능한 한 하나의, 그것도 공화제 정부 형태를 갖고 있는 것이 확실한 공화국들의 사례이다. "제후들과 자유 도시들로 이루어진 독일연방 공화국이 존속하고 있다. 왜냐하면 그것은 한 명의 수반을 가지고 있기 때문인데, 그는 어찌 보면 연합의 [최고] 행정관 같기도 하고 어찌 보면 군주 같기도 하다." 이로써 몽테스키외도 명백한 규정을 내리지 못했다. 몽테스키외와 루소의 연방주의적 이상 및 프랑스혁명 초기의 연방적 움직임 그리고 그것이 칸트에게 미친 영

항에 대해서는 s. Hedwig Hintze, *Staatseinheit und Föderalismus im alten Frankreich und in der Revolution (Stuttgart, Berlin, Leipzig 1928)*, Kap. 3 u. S. 235 f. — "fédératif" (Montesquieu가 1748이래 처음 사용), "fédéral"(Brissot가 1789에 처음 사용), "fédérée" ("fédération"와 마찬가지로 16세기 이래 1790년에 처음 사용) 그리고 fédéralisme(1772년에 Robespierre가 처음 사용) 등의 용어는 결국 1798년 학술 사전 Académie-Wörterbuch에 등재되었다. ; Brunot t. 7/2 (1967), 1324 und Robert t. 2 (1951), 860 f. 이 사전의 내용은 독일에서는 Bund 개념이 부활하는 것보다 앞선 시기의 것인데, 반면 프랑스적 표현은 혁명 시기에 비로소 받아들였다. 영국에서 "federal"과 "foederal"이라는 표현이 17세기부터 사용됐던 반면, "Federalism"은 Murray vol. 3 (1895), 126 f. 1793년 이후에 Burke가 도입했다. Alexander Hamilton, James Madison 그리고 John Jay (New York 1788)의 'The Federalist'는 독일에는 19세기에 비로소 영향을 미쳤다(dt. v. Felix Ermacora, Wien 1958).

[286] Kant, *Zum ewigen Frieden, 2. Definitivart*. AA Bd. 8, 354.

[287] Ebd., 386 팸플릿 마지막 부분.

[288] Ebd., 385.

[289] "Völkerbund" 및 "Staatenverbindung"을 역사철학적으로 추론해낸 것에 대해서는 "Föderation"이라는 표현을 사용한 'Idee zu einer allgemeinen Geschichte in weltbürgerlicher Absicht' (1784) 와 'Über den Gemeinspruch······', Teil 3 (1793) 제7문을 참조; AA Bd. 8, 24 ff. 307 ff.

[290] 이에 대해서 그리고 그 외 증거들에 대해서는 Foerster(s. Anm. 278)의 설명과 참고 문헌 참조.

[291] Fichte, *Grundlage des Naturrechts nach Prinzipien der Wissenschaftslehre*, 2. TL (1797), 2. Anhang: *Über das Völkerrecht*, § § 15~20. AA Bd. 1/4 (1970), 159 ff.

[292] Adam Müller, *Die Elemente der Staatskunst* (1809), hg. v. Jakob Baxa, Bd. 2 (Jena 1922), 184. 209. 189.

[293] Friedrich Gentz, *Über den ewigen Frieden* (1800), abgedr. Raumer, Ewiger Friede,

461 ff. 494. 479 f.

294 추가적으로 Hermann Conrad, Rheinbund und Norddeutscher Reichsbund. Eine Episode der deutschen Verfassungsgeschichte des 19. Jahrhunderts, in: *Gedächtnisschrift Hans Peters* (Berlin 1967), 50 ff.

295 Gentz, *Über die Heilige Allianz* (1819), zit. Foerster, Europa, 262.

296 추가적으로 Gerhard Kaiser, *Pietismus und Patriotismus im literarischen Deutschland. Ein Beitrag zum Problem der Säkularisation* (Wiesbaden 1961), 58 ff. 170 ff. 212 ff. u. passim; → Brüderlichkeit.

297 Bengel은 '동맹Bund'과 '유언Testament'의 연관성을 인정하면서도 루터식으로 분리해서 사용했고, 반면 Hamann은 하나님의 약속 전체 역사에 대해 Bund 개념을 사용했다. 연방 신학적 언어가 정치적으로 해석되기 쉬운 잠재적 성격에 대해서는 s. Friedr. Christoph Ötinger, *Biblisches und emblematisches Wörterbuch* (Frankfurt 1778), 86 ff., Art. Bund: 'Bund'는 "원래 체제體制, 기관, 질서를 말한다." 그래서 "구원의 질서"이고, 좁은 의미로는 "화해", 신학적으로는 "사역동맹 Werkbund"이다. 이와 상반되는 자비의 동맹은 Werkbund와 함께 "원래는 유일하게 영원한 동맹"이라는 것이다. 아담 이래 자비의 동맹은 선택된 자들만을 포함시켰다. "우리는 이 자비의 동맹을 최고의 선언, 즉 하나님의 계시가 동맹을 완전한 제국 체제로 변화시킬 때까지 동맹의 분열된 계시 속에서 관찰해야 한다." 19세기 이후까지도 이 접근법이 정치화되는 것에 대해서는 Kaiser, Pietismus 참조. Ötinger는 이미 단순화되는 것에 저항했다. "이 사고에서 하나의 시스템을 만들려고 한다면 큰 착각이며, 전체 신학을 우호 관계를 맺는 방법이라고 생각한다면 더 큰 착각이다. 사람들은 너무나 확실하게 하고 싶어 하지만 그러다 보면 강제가 된다. 성서는 다양하게 결합된 상징을 이용해서 개념의 약점을 보완하는 형식을 갖추고 있다(89)."

298 v. Basse, Art. *Bund*, Ersch/Gruber 1. Sect., Bd. 14 (1825), 21.

299 Klopstock, *Oden*, hg. v. Franz Muncker u. Jaro Pawel, Bd. 1 (Stuttgart 1889),

191 ff. 이에 대해서 그리고 Zinzendorf의 영향과 연방의 개념 사용에 대해서는 Kaiser, *Pietismus*, 63.

[300] Zit. Kaiser, *Pietismus*, 76.

[301] Schiller, *Wilhelm Tell*, 2. Aufzug, 2. Szene (1804).

[302] Klopstock은 자신이 쓴 송시 'Der Hügel und der Hain' (1767)에서 조국을 노래하는 독일 음유시인에게 이렇게 맹세한다. "Die Zwillingsbrüder Alzes graben / In Felsen euch das Gesetz der heiligen Freundschaft : / Erst des hingehefteten Blickes lange Wahl, / Dann Bund auf ewig(쌍둥이 형제 알제스가 신성한 우정의 법칙을 바위 속에 묻는다. / 한참을 눈을 떼지 못하고 / 그러자 영원한 동맹이 되었네)." Klopstock을 기리기 위해 괴팅엔의 젊은 시인들이 삼림파森林派Hainbund를 결성하고 승인된 작품들을 klopstock의 "동맹서Bundesbuch"에 수록했다. ; Helmut de Boor / Richard Newald, *Geschichte der deutschen Literatur*, Bd. 6/1, 4. Aufl. (München 1964), 206. 관사 없는 Bund가 다시 등장하는 것은 J. H. Voss의 'Die Bundeseiche'이다. "und von geeichelten Laubkränzen all umhüllt die Sche / Fügten wir Bund mit getreuem Handschlag(정수리 가득 떡갈나무잎 화환을 쓰고 우리는 충직한 악수로 동맹을 맺었다)." ; *Sämtl. Gedichte*, Bd. 3 (Königsberg 1825), 5. Bei Hölty는 1772년에 SW, hg. v. Wilhelm Michael, Bd. 1 (Weimar 1914), 84f.의 'Der Bund'에서 "Noch ein Bundkuß, Freunde, bevor mein Schwur / Den Bund versiegelt, welchen die Tugend knüpft(벗이여, 나의 맹세가 선행을 약속하는 동맹을 봉인하기 전에, 또 한 번 동맹의 입맞춤을)!" 끝으로 하나님 앞에서 맺은 동맹을 지키기 위한 처벌 조항이 뒤따라 나온다. 이 종교적—속세적 동맹의 영향에 대해서는 Hegel, *Eleusis. An Hölderlin* (1796), zit. *Dokumente zu Hegels Entwicklung*, hg. v. Johannes Hoffmeister (Stuttgart 1936), 380 ff. oder *'Bundesblüthen' von Georg von Blankensee, Wilhelm Hensel u. a.* (Berlin 1816)에서는 연애가, 군가, 우정가를 정리해두었다. 그 속에는 "동맹의 밤Bundesnächte, 추모 시간Weihestunden", 속세의 만찬säkulare Abendmähler, 프리메이슨 결사의 상징Freimaurersymbole, 그리고 야간에

하나님과 동맹을 맺을 때 하나님이 이를 받아들이는 것을 증명하는 "번개Blitze"가 포함되어 있다. "Ha! Ein Zeichen kommt von oben! / Gnadenvoll nahm Gott ihn auf. / Leuchtend flammt der Bund nun droben. / Und beginnt den Sternenlauf(하! 저 위에서 신호가 오는구나! / 하나님께서는 그것을 자비롭게 받아들이셨다. / 이제 동맹은 저 위에서 활활 타오른다 / 이제 별들의 행진이 시작된다."; Friedrich Graf v. Kalckreuth, ebd., 137.

303 Herder, SW Bd. 29 (1889), 659 f. 660, Anm. 1. Zur Datierung vgl. ebd., Bd. 18 (1883), 527, Anm. 2.

304 Ebd., Bd. 17 (1881), 5 ff.

305 Ebd., Bd. 18, 271.

306 예시들은 Hildegard Schaeder, *Autokratie und Heilige Allianz*, 2. Aufl. (Darmstadt 1963) und Max Geiger, *Aufklärung und Erweckung* (Zürich 1963)에서 확인할 수 있다.

307 Jakob Venedey, *La France, l'Allemagne et les Provinces rhénanes* (Paris 1840). 제후들은 국민들 없이는 또는 국민들이 반대하는 경우에는 동맹할 수 없었기 때문에 Theodor von Schön이 "신성동맹Heiliger Bund"을 비난한 것을 참조하시오 (1817).; *Aus den Papieren des Ministers und Burggrafen von Marienburg*, Bd. 4 (Berlin 1876), 409. v. Bosse, Art. Bund, Ersch/Gruber에서는 1825년에 "광신과 미신으로 악용되기 쉬운 것에 대해" 조심스럽게 경고하고 있다(23). Paulus는 Art. Bund Gottes, Rotteck/Welcker Bd. 3 (1836), 122에서 유언Testament을 칸트식으로 해석하여 다음과 같은 결론에 도달했다. "자발적으로 맺은 동맹, 사회적 동맹을 통해 하나님이 허락하는 국가 체제가 탄생하는 것은 비난받을 일이나 불가능한 일 또는 부적당한 일이 아니라, 오히려 모세와 예수 그리스도를 본받은 모든 경건한 국가 동맹들의 성서적—종교적 모범, 특히 모든 신성한 동맹의 모범으로 간주될 수 있다." — Rotteck은 1834년에 "신성동맹의 맹주"가 (자신이 전지전능하다고) 주장하는 만큼 로마제국의 "고등 경찰hohe Polizei"이 전지전능했다면, 아무리 그

들의 의도가 최상이었다고 가정하더라도 기독교는 "결코 이렇게 부흥하지 못했을 것"이라고 확신했다.; *Lehrbuch des Vernunftrechts*, Bd. 3 (Stuttgart 1834), 307.

1844에서 Welcker는 "Stuart의 국가 이론에 반응한 자들과 우호자들"을 조롱했는데, 이들이 신성한 기독교 원칙을 내세운 "이 신성동맹을 자신의 조력자로, 민족의 자유에 저항하는 제후동맹으로 묘사하려고" 했기 때문이었다.; *Wichtige Urkunden für den Rechtszustand der deutschen Nation* (Mannheim 1844), 75.

[308] Adelung Bd. 1 (1774), 1130; 2. Aufl., Bd. 1 (1793), 1253 ff.

[309] Campe Bd. 1 (1807), 648 f.; 그 외 새로운 표현들은 "Bundesbehörde, −hülfe, −kreis, −mässig, −stadt, −verein, −Vereinigung", 일부는 중세 후기 법률 언어로 뜻을 알 수 없음.

[310] Adam Müller, *Elemente*, Bd. 2,197 (s. Anm. 292).

[311] Arndt, *Entwurf einer teutschen Gesellschaft* (Frankfurt 1814), 27 f.

[312] Martin v. Geismar [d. i. Edgar Bauer], Bibliothek der Deutschen Aufklärer, Bd. 1: *Carl Friedrich Bahrdt* (Leipzig 1846; Ndr. Darmstadt 1963), 96 ff.; Gustav Frank, *Dr. Karl Friedrich Bahrdt*, Hist. Taschenbuch, hg. v. Friedrich v. Raumer, 7 (1866), 310. Eine Auszählung der 'Bibliographie der freimaurerischen Literatur', hg. v. August Wolfstieg, 2 Bde. (Burg 1911/12)에서는 1830년경부터 'Bund'라는 표현이 지금까지 대부분 사용되던 조직 명칭인 'Gesellschaft'와 'Orden'을 빠르고 최종적으로 프리메이슨 서적들의 제목에서 몰아냈다는 것을 증명하고 있다. 추측하건대 이는 자유−보수 진영으로 전환되는 것을 시사한다. Vgl. Bruno Bauer, *Freimaurer, Jesuiten und Illuminaten in ihrem geschichtlichen Zusammenhänge* (Berlin 1863). 그 밖에 1871년부터 1909년까지 변함없이 "Grand Orient de France"를 승인하는 것에 반대했던 독일 상부 협회인 "Großlogenbund"와 나눈 논쟁 참조. In: *Die Bauhütte. Organ für die Gesamt-Interessen der Freimaurerei 52* (1909), 169 ff. Eugen Lennhoff / Oskar Posner, *Internationales Freimaurerlexikon* (Wien 1932)에서는 프리메이슨 운동을 "기도祈禱동맹Gebetsbünde"과는 달리 "윤리적 노동동

맹Arbeitsbund"으로 정의한다. "직업상의 의무를 다하는 것을 통해" 세상을 극복하고 얻을 것이라는 얘기다. "프리메이슨 결사"는 과거 동맹들을 크게 합친 것 große Synthese이라는 것이다. "프리메이슨단은 사회적, 문화적 노동을 보호하고 학문과 인간성에 기여하는 종교적, 예식의 우호 단체, 즉 세계적인 결속 동맹이다"(남성 동맹).

313 Woldemar Wenck, *Deutschland vor hundert Jahren* (Leipzig 1887), 175 ff., bes. 263.

314 Justus Möser, Patriotische Phantasien, *SW* Bd. 7 (1954), 130 ff.

315 Zit. Karl Otmar Frh. v. Aretin, *Höhepunkt und Krise des deutschen Fürstenbundes*, Hist. Zs. 196 (1963), 65.

316 Johannes v. Müller, *SW* Bd. 24 (Stuttgart, Tübingen 1833): hier S. 8 ff. *Darstellung des Fürstenbundes* (1787; 2. Aufl. 1788)und S. 259 *S.Teutschlands Erwartungen vom Fürstenbunde* (1788). Die Zitate: ebd., 88, Anm. 215. 227. 12 (최초 기록에는 "제후동맹은 매우 국가적이다"라고 적혀있다. ebd., 234). 266. 273 f. 279. 여기서 아마도 "연방 공화국Bundesrepublik"이라는 표현이 처음으로 독일에 사용된 것으로 보이는데, 이것이 몽테스키외의 "연방 공화국republique föderative"을 직접 번역한 것이 아니라면 이는 시스템 이론Systema-Lehre이 감당할 수 없을 만큼 성장한 것이다. (vgl. Anm. 285). Johannes von Müller는 더 이상 교황의 후견을 받지 않는 국가 시스템, 즉 "유럽연방 공화국의 결합"을 설명하기 위해서도 이 표현을 사용했다.; ebd., 16. 266. 279.

317 Vgl. 1787년 프로이센 아카데미에서 행한 엥겔스의 연설 참조. "Bund는 형제들을 같은 피, 같은 정신, 같은 언어로 소중하게 결합했다."; zit. Wenck, Deutschland, 182. 그 밖에 Hegel은 자신이 쓴 헌법 문건(s. Anm. 277)에서 "저술가"와 제후동맹에 대한 여론의 중요성을 지적하고 있다(85).

318 Müller, *SW* Bd. 24, 274.

319 혁명적 언어 사용의 초기 사례로 Andreas Riedel이 1792년에 "모든 독일인에

게 반귀족적인 평등 동맹을 촉구"한 것을 들 수 있는데, 갑작스런 체제 형성에 준비할 수 있도록 모든 "형제동맹자"들을 국내 조직망으로 연결할 예정이었다. ; abgedr. Fritz Valjavec, *Die Entstehung der politischen Strömungen in Deutschland 1770-1815* (München 1951), 505 ff. 199.

[320] Rigaer Denkschrift, abgedr. *Die Reorganisation des Preußischen Staates unter Stein und Hardenberg*, hg. v. Georg Winter, Bd. 1/1 (Leipzig 1931), 306.

[321] Johannes Voigt, *Geschichte des sogenannten Tugendbundes oder des sittlich-wissenschaftlichen Vereins* (Berlin 1850), 5 und zuletzt Rudolf Ibbeken, *Preußen 1807-1813* (Köln, Berlin 1970), 108 ff.

[322] Ibbeken, *Preußen*, 328 ff.

[323] Zit. Ernst Rudolf Huber, *Deutsche Verfassungsgeschichte seit 1789*, Bd. 1 (Stuttgart 1957), 722; 전체 내용은 696 ff.

[324] Friedrich Meinecke, *Die deutschen Gesellschaften und der Hoffmannsche Bund* (Stuttgart 1891).

[325] Bericht Dorows an Hardenberg, ebd., 75 ff.

[326] J. D. F. Mannsdorf [d. i. Joh. Daniel Ferd. Neigebaur], *Aktenmäßiger Bericht über den geheimen deutschen Bund und das Turnwesen. Geschichte der geheimen Verbindungen der neuesten Zeit*, H. 2 (Leipzig 1831), 60. 75: "모두 예외 없이 다음 원칙을 행위의 표준이라고 말하고 명시하였다. 종교적, 정치적 진실은 자유로운 신념이라는 방법을 통하지 않고서는 결코 탄생할 수 없다." (Carl의 형제인 Alf Follen의 발언). 추가적으로 Hubers Begriffsanalyse, *Verfassungsgeschichte*, Bd. 1, 711 ff.

[327] *Bund der Überzeugung mit mehrfacher Erläuterung von Follen in einem Aufsatz 1819*, zit. Mannsdorf, Bericht, Bd. 2, 71 f. u. passim.

[328] Zit. ebd., 72.

[329] Vgl. ALR II, 6: Von Gesellschaften überhaupt und die ergänzenden

Kabinettsordres wie vom 20.10.1798 wegen Verhütung und Bestrafung geheimer Verbindungen u. ff. in: *Ergänzungen und Erläuterungen des allgemeinen Landrechts für die Preußischen Staaten*, hg. v. Heinrich Gräff, Ludwig v. Rönne, Heinrich Simon, 2. Aufl., Bd. 3/3 (Breslau 1843), 511 ff.

330 'Bund'가 뜻하는 내용은 한편으로는 '연맹Verein', '협회Gesellschaft' 등 반드시 목적을 규정하는 보충 설명이 필요한 개념과 다른 한편으로는 '화합Harmonie', '조화Concordia', '연합Union', '단합Eintracht' 사이에 놓여있었다. 시민들은 이들 중세 개념들을 동맹 명칭으로 즐겨 사용했는데, 그 명칭에서 의미를 유추할 수 있는 것처럼 보였기 때문이다. 융통성 있는 'Bund'와는 달리, 이들 개념들은 특정된 의미를 갖고 있었기 때문에 바로 동맹의 명칭이 되었다.

331 Zit. Meinecke, *Gesellschaften*, 72.

332 Zit. Mannsdorf, *Bericht*, H. 2, 70.

333 S. Anm. 331.

334 "Bund der Jungen (bzw. Jünglinge)"에 대해서는 Mannsdorf, *Bericht*, H. 4 참조. 그 밖에: *Quellen und Darstellungen zur Geschichte der Burschenschaft und der deutschen Einheitsbewegung*, hg. v. Herman Haupt, Bd. 1 (Heidelberg 1910), 19; Bd. 3 (1912), 241 ff. 257 u. ö.; Bd. 4 (1913), 66. 96. 239. 248. 287; Bd. 5 (1920), 95. 151; Bd. 8 (1925), 7. 19. 233 ff. 271; Bd. 10 (1927), 44. 110 f.; Bd. 11 (1929), 8 u. ö. für weitere Bünde und Wortbelege.

335 Wolfgang Schieder, *Anfänge der deutschen Arbeiterbewegung. Die Auslandsvereine im Jahrzehnt nach der Julirevolution von 1830* (Stuttgart 1963).

336 Werner Kowalski, *Vorgeschichte und Entstehung des Bundes der Gerechten* (Berlin 1962), 59.

337 추방자동맹 규약(1834/5경) "1) 독일 추방자동맹은 독일 남성으로 구성된 …… 동맹이다. 2) 독일 추방자동맹은 본질적으로 비밀 결사이다. 3) 동맹의 목적은 독일의 해방과 재탄생이다. — 1838년 독일 정의 동맹 규약(제1조와 제

2조는 의미가 동일) 4) 동맹의 목적은 치욕적인 억압의 굴레에서 독일을 해방시키고, 인류의 노예 해방에 협력하고, 인권법과 시민법에 담긴 원칙을 실현하는 것이다." 출처 in: *Der Bund der Kommunisten. Dokumente und Materialien, hg. von den Instituten für Marxismus und Leninismus beim ZK der SED und beim ZK der KPdSU* (Berlin 1970), 975 ff. 92 ff. Wilhelm Weitlings Programm in: ders., *Die Menschheit wie sie ist und wie sie sein sollte* (1838), hg. v. Wolf Schäfer (Reinbek 1971), 157. Das Glaubensbekenntnis eines Bündlers (Geächteten) gegen einen Bundesstaat(Foederativstaat), aber für den Bruderbund der Völker, zit. Kowalski, Vorgeschichte, 189 f.

338 공산주의자동맹 규약 초안 (1847.6.9), 제1조. "이 동맹의 목적은 공유재산 이론을 전파하고 이를 가능한 한 빨리 도입하여 인류를 노예에서 해방하는 것이다. — 1847년 12월 8일 최종본: 이 동맹의 목적은 부르주아의 붕괴, 계급 대립에 기초한 舊 시민사회의 폐지 및 계급과 사유재산이 없는 새로운 사회의 건설이다."; *Der Bund der Kommunisten*, 466. 626.

339 요제프 몰Joseph Moll이 마르크스 그리고 엥겔스와 1847년 2월에 협상한 직후에 국민회관에서 행한 정의 동맹 연설에서 발췌; ebd., 454.

340 Ebd., 470. 589. 674.

341 Frolinde Balser, *Sozial-Demokratie 1848/49-1863. Die erste deutsche Arbeiterorganisation 'Allgemeine Arbeiterverbrüderung' nach der Revolution*, Bd. 1 (Stuttgart 1962), 201 f. Siehe Engels' Urteil über die 1848/49 weit überlegene Konkurrenzorganisation als reiner Sonderbund, in: *Zur Geschichte des Bundes der Kommunisten* (1885), MEW Bd. 21 (1962), 219. 그 밖에 Ansprache der Zentralbehörde an den Bund Vom Juni 1850, *MEW* Bd. 7 (1964), 306 ff. 혁명 과정에서 공산주의자동맹이 붕괴된 이후 마르크스의 도움 없이 런던에서 1848년 말에 작성된 3차 규약은 독일 상황에 맞춰 조정된 것임을 보여준다. 제1조 "동맹의 목적은 통일된, 분리할 수 없는, 사회민주공화국을 도입하는 것이다.";

Der Bund der Kommunisten, 876. Die vierten Statuten vom Dezember 1850 bei Wilhelm Wermuth / Wilhelm Stieber, *Die Communisten-Verschwörungen*, Bd. 1 (Berlin 1853), 248 ff.

342 1850년 3월에 동맹 본부가 동맹자들에게 행한 연설, *MEW* Bd. 7 (1964), 248 f.; Enthüllungen, 130. 1852년에 마르크스가 회고하면서 내린 평가는 다음과 같다. "그래서 '공산주의자 동맹'은 공모를 위한 단체가 아니라 비밀리에 프롤레타리아 당 조직을 이룩한 단체였다. 목표는 미래의······ 야당을 구성하는 것이었다."; *MEW* Bd. 8 (1960), 461.

343 Hans—Jürgen Puhle, *Agrarische Interessenpolitik und preußischer Konservativismus im wilhelminischen Reich 1893~1914* (Hannover 1966) und grundsätzlicher Überblick bei Ernst Rudolf Huber, Das Verbandswesen des 19. Jahrhunderts und der Verfassungsstaat, in: *Festgabe für Theodor Maunz*, hg. v. Hans Spanner, Peter Lerche u. a. (München 1971), 173 ff.

344 Julius Braunthal, *Geschichte der Internationale*, Bd. 1 (Hannover 1961), 239; Dietrich Geyer, *Lenin in der russischen Sozialdemokratie. Die Arbeiterbewegung im Zarenreich als Organisationsproblem der revolutionären Intelligenz 1890~1903* (Köln, Graz 1962), 104. 108. 333. 349. 355. 380 ff. 'Bund'는 1903년에 러시아 사회민주노동당에서 탈퇴했는데, Bund의 연방제적 최소 요구가 중앙집권화 경향과 타협하지 못했기 때문이었다.

345 S. Anm. 231, bes. Brie und Ebers. 연방 체제의 역사 및 19세기 연방 이론의 체계적인 결산에 대해서는 Huber, *Verfassungsgeschichte*, 4 Bde. (Stuttgart 1957~1969; s. Anm. 323).

346 Schleiermacher, *SW* 3. Abt., Bd. 2 (Berlin 1838), 259. 276 f.

347 Huber, *Verfassungsgeschichte*, Bd. 1, 602 ff.

348 Campe Bd. 1 (1807), 649.

349 Ebd., Bd. 4 (1810), 565.

350 Brockhaus 7. Aufl., Bd. 2 (1827), 299; im Bd. 10 (1827)에는 '국제연합 Staatenbund'이라는 표제어가 없다.

351 Ersch/Gruber, 1. Sect., Bd. 14/15 (1825), 22. 19세기에 자주 등장하지만 결코 동시에는 등장하지 않는 국가연합과 연방국가의 차이점으로는:

국가연합	연방국가
국제법상의 조약	국가법상의 기본법
목적: 대외적인 방어	국내의 복지까지 포함
주권은 개별 국가에	주권이-일부-연방국가들에게 이전됨
동료적, 사회적 권력	정치적 국가 권력
대외적 권력은 각 국가에	연방에게 이전됨
개별 군대	연방군대
공동 기구에서는 만장일치가 요구됨	다수결을 허용함
Bund에는 입법부가 없음	Bund에 입법부 있음
Bund에는 재정 및 조세 주권이 없음	Bund에 경쟁적인 재정 및 조세 주권
강제력이 없는 중재 법원	연방 집행 기능을 갖춘 상급 법원
대표자가 없음	국가대표자
국가별 시민권만 있음	국가별 시민권 외에 공동의 연방시민권
Bund는 해체가 가능	영원한 연방국가
법적 관계(Laband)	법적 주체(Laband)
구성원 간의 동등하지 않은 조약	'당원들' 간의 전체 행위(Kuntze 1892) 합의

352 추가적으로 Ernst Deuerlein, Föderalismus. Die historischen und philosophischen Grundlagen des föderativen Prinzips, Beilage 1 und 5 zu: Das Parlament (1968), Beilage 1, 5 f.

353 Mozin, franz. Tl., 1.1 (1811), 648; 'fédération'는 "Bund"와 "Verbündung"으로만 번역되고, 'confédération'은 "Bund, Bündniss"로만 번역된다.; ebd., 273. 648.

354 Campe, Fremdwb., 2. Aufl. (1813), 324.

355 Rheinbunds-Akte, abgedr. Huber, Dokumente, Bd. 1 (1961), 26 ff. (s. Anm. 2).

[356] Ebd., 32 f.

[357] Zeumer, *Quellensammlung*, 531. 프랑스 제국법 이론에서 'confédération'라는 표현을 받아들이면서 학술적 표현이 국제적으로 중요해졌다. 즉 '용어상으로' 제국Reich은 더 이상 존재하지 않았다. Vgl. 추가적으로 Anm. 285.

[358] Huber, *Dokumente*, Bd. 1, 36.

[359] Brief Napoleons an Dalberg, ebd., 36 f.

[360] 나폴레옹은 1807/08년에 메테르니히에게 이렇게 말한다. "내가 연방에게 원하는 것은 사람들과 돈뿐이오."; zit. Michael Doeberl, *Rheinbundverfassung und bayrische Konstitution*, Abh. d. Bayr. Akad. d. Wiss., philos.—hist. Kl., 5 (München 1924), 39 f.

[361] Vgl. Betrachtungen über die Souveränität der Rheinischen Bundesfürsten, in: *Der Rheinische Bund, hg. v. Peter Adolph Winkopp*, Bd. 2 (Frankfurt 1807), 416.

[362] Vgl. Friedrich Gentz, Gedanken über die Frage: Was würde das Haus Österreich unter den jetzigen Umständen zu beschließen haben, um Deutschland auf eine dauerhafte Weise von fremder Gewalt zu befreien (1808): die rheinische Konföderation weder rechtlich noch faktisch je zur Wirklichkeit gediehen ist: *Staatsschriften und Briefe*, hg. v. Hans v. Eckardt, Bd. 1 (München 1921), 184.

[363] Bismarck, *Gedanken und Erinnerungen*, Bd. 1 (Stuttgart 1898), 342; Bd. 2, 72. 그 밖에 Friedrich Wilhelm IV. an Franz Joseph 1852: rheinbundschwangere Mittelstaaten; ebd., Bd. 1, 84, 그 밖에 183. 333. 342; Bd. 2, 40. 49. 52. 83. 89. 90.

[364] Nabholz/Kläui, *Quellenbuch*, 185 (s. Anm. 42). Vgl. *Actensammlung aus der Zeit der Helvetischen Republik (1798-1803)*, hg. v. Johannes Strickler, Bd. 9 (Bern 1803), 1225. 1231 f.

[365] 추가적으로 Brie, *Bundesstaat*, 32 ff. (s. Anm. 231).

[366] Geist der neuesten Deutschen Reichsverfassung, Zs. f. Gesch. u. Politik 1 (1804),

34 ff.

[367] Joh. Ludwig Klüber, *Staatsrecht des Rheinbundes* (Tübingen 1808), 4.

[368] Günther Heinrich v. Berg, *Abhandlungen zur Erläuterung der Rheinischen Bundesacte* (Hannover 1808); Wilh. Josef Behr, *Systematische Darstellung des Rheinischen Bundes aus dem Standpunkte des öffentlichen Rechts* (Frankfurt 1808). Die weitere Lit. bei Klüber, Staatsrecht.

[369] Klüber, *Staatsrecht*, 120. 123, § § 93. 97.

[370] Rotteck, *Lehrbuch des Vemunftrechts*, Bd. 3 (1834), 146 ff.: 'Von den gesellschaftlichen Verbindungen unter den Völkern, oder von Staatensystemen'에 서 Rotteck은 Klüber에 반대하면서 사회 권력과 국가 권력을 구분하는 것으로는 부족하다고 지적하는데, 그 이유는 "연방의 법적 권력이 이전되는 만큼 그 구성 국가들의 주권도 축소될 수밖에 없기 때문"이라고 서술하고 있다(152; s. Anm. 307).

[371] 추가적으로 Carl Schmitt, *Verfassungslehre*, 2. Aufl. (Berlin 1954), 366.

[372] K. S. Zachariae, *Jus publicum civitatum quae Foederi Rhenano ascriptae sunt* (Heidelberg 1807), 71, § 60.

[373] Vgl. Ebers, *Staatenbund*, 49.

[374] Siehe Eduard Ziehen, Winkopps 'Rheinischer Bund'(1806~1813) und der Reichsgedanke. Ein Beitrag zur Überwindung der Mainlinie, Arch. f. hessische Gesch. u. Altertumskunde NF 18 (1933), 300.

375 Art. 5, zit. Puttkamer, Föderative Elemente, 67 (s. Anm. 211). 이에 반해 1803년 스위스 중재 증서Mediationsakte에 나오는 명칭인 "constitution fédérale"는 더욱 긴밀한 결합임을 암시한다.; Le Fur/Posener, Bundesstaat und Staatenbund, 160 (s. Anm. 231).

[376] Gentz, Staatsschriften und Briefe, Bd. 1, 200 f. (s. Anm. 362).

[377] Frh. vom Stein, *Denkschr. für Hardenberg* (Ende August 1813), Br. u. Schr., Bd. 4

(1963), 245; vgl. Denkschr. für Alexander I. (6./18. 9.1812), ebd., Bd. 3 (1961),

751: "Si le rétablissement de l'ancienne monarchie est impossible, alors encore le

partage de l'Allemagne entre l'Autriche et la Prusse serait préférable." Stein의 여러

동맹 계획은 Huber, *Verfassungsgeschichte*, Bd. 1, 510 ff.에 정리되어 있다.

[378] Wilhelm v. Humboldt, Denkschr. über die deutsche Verfassung an den

Freiherrn vom Stein, AA Bd. 11/2 (1903), 95 ff.

[379] 전체 내용은 Huber, *Verfassungsgeschichte*, Bd. 1, 475 ff.

[380] Zit. Puttkamer, föderative Elemente, 75.

[381] Humboldt an Hardenberg, Über die Behandlung der Angelegenheiten des

deutschen Bundes durch Preußen (30. 9.1816), AA Bd. 12/1, 2 (1904), 53 f., bes.

80.

[382] *Acten des Wiener Congresses*, hg. v. J. L. Klüber, Bd. 1, H. 1 (Erlangen 1815), 45

ff.

[383] Deutsche Bundesacte vom 8. Juni 1815, Huber, *Dokumente*, Bd. 1, 75 ff.

[384] J. L. Klüber, öffentliches Recht des Teutschen Bundes und der Bundesstaaten, 2.

Aufl. (Frankfurt 1822), 133.

[385] Friedr. Wilhelm Tittmann, *Darstellung der Verfassung des deutschen Bundes* (Leipzig

1818), 23 ff. 4 f.

[386] Ebd., 31.

[387] Klüber, öffentliches Recht, 135. 91 und Protokolle der deutschen Bundes—

Versammlung, Bd. 1, H. 1 (Frankfurt 1816), 16 f. 49.

[388] Humboldt an Hardenberg (s. Anm. 381), AA Bd. 12/1, 2 (1904), 74 ff.

[389] Huber, *Dokumente*, Bd. 1, 81 ff. (15. 5.1820).

[390] Rotteck은 1834에 헌법의 제한을 받는 정부에서는 지방 신분들의 동의를 얻어

서만 처리할 수 있는 문제들까지도 연방의회가 개입할 수 있다는 점을 지적했

다. "이런 관점에서 볼 때…… 연방 권력은 연방주들의 국가 권력과는 다른 그

야말로 환상적인 권력으로 보인다. 이러한 점에서 국가연합이라는 명칭 대신
에 연방국가Bundes-staat라는 명칭뿐만 아니라 연방 제국Bunde-Reich 또는 연방
지배Bundes-Herrschaft라는 표현이…… 가장 잘 맞는 것 같다." ; Lehrbuch des
Vemunftrechts, Bd. 3, 155 (s. Anm. 307).

391 Metternich, Denkschr. vom 24. 6.1833, zit. Heinrich v. Treitschke, *Deutsche
Geschichte im 19. Jahrhundert*, Bd. 4 (Ausg. Leipzig 1927), 384 f. 관세동맹Zollverein
은 독일연방의 권리와 의무의 평등을 무력화시키는데, 이는 프로이센의 "운동
정당Bewegungspartei"의 작품이라는 것이다. ……"정당의 계획이 실현되는 경우
에 이는 정당의 진정한 목표, 즉 프로이센이 새로운 대의제 헌법을 갖추고 그 외
입헌제 독일의 정상에 서는 것에 도달한 것이다." 이는 — 비록 꼭 그래야 했던
것은 아니지만 — 장기적인 조직력을 제대로 결합한 것으로 이 예상이 그대로 적
중했다.

392 Zit. Adolf Rapp, *Großdeutsch-Kleindeutsch* (München 1922), 6 f.

393 Ebd., 8 ff.

394 Ebd., 10 f. Denkschr. vom 31.12.1830, abgedr. in: *Rheinische Briefe und Akten
zur Geschichte der politischen Bewegung 1830-1860*, hg. v. Joseph Hansen, Bd. 1
(Essen 1919), 71.

395 GSlg. f. d. kgl. Preuß. Staaten (1833), 145 ff., Art. 1 u. 6.

396 Rotteck/Welcker Bd. 15 (1843), 845에 Karl Mathy가 '관세동맹Zollverein'이라는
짧은 제목으로 수록.

397 Denkschr. aus dem Jahre 1829, zit. Treitschke, Dt. Geschichte, Bd. 3 (1927),
669 f. "동일한 이익과 당연한 기반에 근거하고, 독일 한가운데서 확대될 수밖에
없는 이 결합을 통해서 비로소 진실로 결합된, 국내외로 확고하고 자유로운 독
일이 다시 프로이센의 보호 아래 존립하게 될 것이다." ; ebd., 370.

398 S. Anm. 389. 전체 내용은 Huber, *Verfassungsgeschichte*, Bd. 1, 787 ff. ; Bd. 2
(1960), 282ff. ; Bd. 3 (1963), 615 ff.

[399] Clemens Theodor Perthes, *Friedrich Perthes' Leben*, Bd. 3 (Gotha 1872), 372.

[400] K. Steinacker, Die politische und staatsrechtliche Entwickelung Deutschlands durch den Einfluß des deutschen Zollvereins (1844), 36, zit. Rapp, Großdeutsch—Kleindeutsch, 27.

[401] Friedrich List, Das nationale System der Politischen Oekonomie, Ges. Schr., Bd. 6 (1930), 164.

[402] Gagern, Sten. Ber. Dt. Nationalvers., Bd. 4 (1848), 2898 f. Gagern은 "연방국가Bundesstaaten"를 협소한 연방을 구성하고 있는 (개별) 국가들이라는 의미로 사용했다(복수로는 비엔나 최종 의정서Wiener Schlußakte 제36조와 제42조에서처럼 자주 사용되었다). 또한 Gagern은 협소한 연방에는 "연방국가"를, 방대한 연방에는 "국가연합"이라는 개념을 사용하는 것이 "너무나 모호하다"고 보았는데, 이는 오스트리아와의 민족적 결속성이 과소평가되는 것을 원치 않았기 때문이다. 그는 발칸 반도까지 제국주의적, 경제적으로 팽창하는 것이 바로 전 독일의 과제라고 보았다. 실제로 그는 비엔나 의원이었던 v. Mühlfeld가 제안한 내용을 지지했다. "오스트리아가 연방국가로 독일 곁에 있는 것이 불가능하다면, 독일적 요소를 통해 독일 연방국가와 오스트리아 연방국가를 결합시키는 국가연합 형태가 보장되는 것이 더 낫다."; Sten. Ber. Dt. Nationalvers., Bd. 4, 2857. 전체 내용은 Huber, *Verfassungsgeschichte*, Bd. 2, 797. 816 참조. 의회에서 '소독일Kleindeutsche'의 증거로 제시된 것은 Paul Pfizer가 쓴 글에 근거한 것이었는데, 그는 '조국Das Vaterland'(1845)에서 프로이센이 독일 내에서 공동 체제를 통한 방법으로 부활할 것을 요청했다. 관세동맹만으로는 생사를 건 민족적 연방이 탄생하지 않는다는 것이다. "따라서 현재 독일의 전체 상황은 프로이센과의 국법적—민족적 결합, 주변의 게르만 민족 그리고 (독일이 없더라도 이미) 일등급의 권력인 오스트리아와의 연방적—국제적 결합을 행하는 것이 정답인 것처럼 보인다." zit. Rapp, Großdeutsch—Kleindeutsch, 31.

[403] Huber, *Verfassungsgeschichte*, Bd. 3, 635에는 '관세—국가연합Zoll- Staatenbund'

에서 '관세-연방국가Zoll-Bundesstaat'로 건너가는 단계를 정의하고 있다.

404 Friedrich v. Gagern, "비굴한 자들, 통일주의자 그리고 연방주의자들" 그리고 통일주의자와 연방주의자들 간의 논쟁에 대한 1825/26년 논문. 여기에서 그는 "소위 같은 정치적 견해를 가진 자들이 사전 합의나 지도자 없이 하나의 당을 구성할 수 있다면" 이 세 당이 존재할 거라고 말한다. "우리는 자체 당명조차도 생각해내지 못하고 낯선 외국어 당명을 쓰고 있는 상황이다." 여기서 3월혁명 이전의 헌법 슬로건이 당을 구성하는 기능을 했다는 사실이 분명해진다. Gagern은 "학자, 상인 계급, 군인 그리고 젊은이들 전부를 독일의 무조건적인 정치적 통일을 원했던" 통일주의자들Unitarier에 포함시켰다. 그는 연방주의자들은 "어디에서나 온건파들이 그렇듯이 가장 약자들"이라고 했는데, 이로써 1848년에 드러난 것처럼 그의 말은 반은 맞고 반은 틀렸다.; Heinrich v. Gagern, *Das Leben des Generals Friedrich von Gagern*, Bd. 1 (Leipzig, Heidelberg 1856), 355 ff. 371. 386. 379; vgl. 그 밖에 Deuerlein, Föderalismus (s. Anm. 352), Beilage 5,10.

405 Über Bundesverfassung und Bundesreform, über Bildung und Grenzen der Bundesgewalt, zunächst in Beziehung auf den Schweizerbund und die Schriften von Troxler und Zachariä über denselben (Leipzig, Stuttgart 1834). 여기에 기초한 다음 기사도 참조: Bund, Bundesverfassung, Staaten- oder Völkervereine, oder Föderativsysteme, insbesondere: Staatenbündniß, Staatenbund, Bundes- (oder Staaten-)Staat. Grenzen der Gewalt, Politik und Verfassung der Bundesvereine im Allgemeinen; Rotteck/Welcker Bd. 3 (1836), 76 ff.

406 Welcker는 해당 기사를 2. Suppl. Bd. (1846), 184 ff. (증보판)에 실을 수 있었다.

407 Rotteck/Welcker Bd. 3, 113. 108. 107. 미국에 대한 중요한 정보는 Robert Mohl, *Das Bundes-Staatsrecht der Vereinigten Staaten von Nord-Amerika* (Stuttgart, Tübingen 1824)에서 확인할 수 있는데, 대통령, 연방 시민법, 상원, 연방국가들이 ("연방주Provinzen"로서; 121) 주권이 없다는 점을 예로 들어 미국의 연방국가적 성격을 제시했는데, Mittermaier는 1848년에 국민의회에서 "우리 시대의 기적"이

라고 반복해서 말했다; Sten. Ber. Dt. Nationalvers., Bd. 4 (1848), 2724. ─Karl
Salomo Zachariä는 1830년 이래 세 개의 당으로 나뉘어 "국제연맹Völkerbund, 민
족국가Völkerstaat 그리고 단순국가einfacher Staat"를 추구하는 스위스의 체제 운
동에 대해 보고하고 있다.; *Über den gegenwärtigen politischen Zustand der Schweiz*
(Heidelberg 1833).

[408] Rotteck/Welcker Bd. 3, 91 f. 88 f. 114.

[409] Welcker, *Einleitung zu : Wichtige Urkunden für den Rechtszustand der deutschen
Nation*, hg. v. Joh. Ludwig Klüber (Mannheim 1844), 43.

[410] Rotteck/Welcker Bd. 3, 79. 1846년에 발간된 2차 증보편에서는 Friedrich
Kortüm이 'Confederation'이라는 제목의 긴 글을 통해 이를 법과 자유를 위한
얽히고설킨 투쟁의 "총괄 지도Generallkarte"로 제시하며 역사적으로 더욱 충실하
게 보완했다. ─ 이는 "Conföderation"이라는 상위 개념 하에서 역사적 연구와
정치적 목적이 실제로 엇갈리는 증거이다. 미국은 "공화국으로서 세계시민의 민
족 연방국가"를 형성했는데, 구대륙에서는 역사적 모순으로 인해 이를 실현하는
것이 불가능하다고 했다(134).

[411] Radowitz, Ausg. Sehr., hg. v. M. Corvinus, Bd. 2 (Regensburg o. J.), 55, aus der
Denkschrift über die vom deutschen Bund zu ergreifenden Maßregeln (20.11.1847),
ebd., 46ff.

[412] Huber, *Verfassungsgeschichte*, Bd. 2, 621.

[413] Huber, *Dokumente*, Bd. 1, 286.

[414] Vgl. oben Anm. 297 f.

[415] Dt. Zeitung, hg. v. Georg Gottfried Gervinus (5. Mai 1848), 994.

[416] 28. Juni 1848, Huber, *Dokumente*, Bd. 1, 276.

[417] Ebd., 304 ff.

[418] Motivation zum Art. 1 im Sten. Ber. Dt. Nationalvers. Bd. 4, 2725 (19.10.1848).

[419] Ebd., 2722 ff.

[420] 입헌적 요소에서는 벨기에 체제가 본보기가 되었다. 전체 내용은 Brie, *Bundesstaat*, 81 ff. 참조. 런던 주재 프로이센 대사 Chr. Carl Josias Bunsen의 협상인 'Sendschreiben an die zum deutschen Parlamente berufene Versammlung'. Die Deutsche Bundesverfassung und ihr eigenthümliches Verhältniss zu den Verfassungen Englands und der Vereinigten Staaten에 분명히 영향을 주었을 것이다. Siebzehn의 안을 검토한 것에 대해서는, vgl. Deuerlein, *Föderalismus*, Beilage 5,19. Joh. Kaspar Bluntschli의 발표문, Bemerkungen über die neuesten Vorschläge zur deutschen Verfassung도 참조. *Eine Stimme aus Bayern* (München 1848). Bluntschli는 "국가연합 Staatenbund, 연방국가 Bundesstaat와 국가제국 Staatenreich을 구별하는데, 여기서 연방국가에는 단순히 조직된 개별 국가뿐만 아니라 독립적으로 조직된 전체(중앙) 국가 Gesamt(Zentral) Staat도 존재한다. 국가제국 Staatenreicht은 전체의 통일을 전제로 하고 개별 국가를 탄생시키거나 또는 승인한다. 연방국가는 개별 국가들의 병존을 전제로 하고 이들을 전체로 결합한다." 얼마 전 프랑크푸르트에서 합의된 '지방분권주의 Partikularität', '연방주의 Föderalismus', 그리고 '국가주의 Nationalität'는 "……국가연합에서 국가제국으로 나아가는 길목에 있는 중간역으로 보아야 한다"는 것이다.

[421] 이는 Radowitz의 표현을 반대파가 Ausg. Schr., Bd. 2, 49에 옮긴 것으로, 그는 내부 공동체를 통해 성장하는 하나된 독일에 대한 동경을 충족시키는 일을 프로이센의 사명으로 발전시켰다(51 f.).

[422] 1849년 3월 28일자 제국헌법 제1조. 추가적으로 1849년 3월 17일자 제2차 독회; Sten. Ber. Dt. Nationalvers., Bd. 8 (1849), 5741 ff.

[423] Schwarzenberg an Schmerling, 4. 2.1849, ahgedr. Huber, *Dokumente*, Bd. 1, 298ff.

[424] Patent des Königs wegen beschleunigter Einberufung des Vereinigten Landtags,, abgedr. Huber, *Dokumente*, Bd. 1, 363.

[425] Brie, *Bundesstaat*, 80 (s. Anm. 231).

[426] Huber, *Dokumente*, Bd. 1, 295.

[427] Ebd., 422 ff.

[428] "국왕의 동맹자로서 민족의 정신이 일어날 때 동맹으로는 불가능했던 것을 특수동맹을 통해 도달할 수 있는 순간이 온 것이다." Radowitz(Ausg. Sehr., Bd. 2, 66)가 1849년 혁명 전야에 품었던 이 생각은 프로이센의 지휘 하에 통일을 피할 수 있는 최후의 수단이 되었다.

[429] Additionalakte zur Erfurter Verfassung, nachdem sich die Mittelstaaten entzogen hatten, vom 26. 2.1850; abgedr. Huber, *Dokumente*, Bd. 1, 443.

[430] Heidrun v. Möller, *Großdeutsch und Kleindeutsch. Die Entstehung der Worte in den Jahren 1848-1849* (Berlin 1937). Wortkritik bei Heinrich v. Treitschke, Bundesstaat und Einheitsstaat (1864), *Hist. u. polit. Aufs.*, 8. Aufl., Bd. 2 (Leipzig 1921), 95.

[431] Denkschr. v. 31. 7. 1863, Huber, *Dokumente*, Bd. 2, 117. 추가적으로 Treitschke, *Bundesstaat*, 93.

[432] Huber, *Dokumente*, Bd. 2, 119.

[433] Bernstorff am 20. 12. 1861, Huber, *Dokumente*, Bd. 2, 107.

[434] 다수 증거들은 in: *Großdeutsch-Kleindeutsch. Stimmen aus der Zeit von 1815-1914*, hg. v. Adolf Rapp (München 1922), bes. 191. 260 und bei Ernst Deuerlein, Föderalismus, Beilage 5, 13 ff. (s. Anm. 352).

[435] Georg Waitz, *Grundzüge der Politik* (Kiel 1862), 162. 43 ff. und ders., Das Wesen des Bundesstaats, Allg. Monatsschr. f. Wiss. u. Lit. (1853), 494 ff. USA 를 모범으로 삼은 동시대인으로는 Eduard Reimann, *Die Vereinigten Staaten von Nordamerika im Übergänge vom Staatenbund zum Bundesstaat* (Weimar 1855; Ndr. Stuttgart 1955); Brie, *Bundesstaat*, 95 ff. (s. Anm. 231); Rudolf Ullner, *Die Idee des Föderalismus im Jahrzehnt der deutschen Einigungskriege, dargestellt unter besonderer Berücksichtigung des Modells der amerikanischen Verfassung für das deutsche politische Denken* (Lübeck, Hamburg 1965).

[436] Otto v. Bismarck, Diktat v. 30.10.1866, *FA* Bd. 6 (1929), 167. Vgl.
Reichstagsdebatte v. 11. 3. 1867, ebd., Bd. 10 (1928), 320 ff.

[437] Treitschke, Die Verfassung des norddeutschen Bundes (1867), *in: ders., Zehn Jahre deutscher Kämpfe 1865-1874* (Berlin 1874), 194.

[438] Bismarck, Immediatbericht v. 29. 3. 1871, FA Bd. 6 c (1935), 1 f.

[439] Treitschke, Bund und Reich (1874), in: *Zehn Jahre*, 581. 579.

[440] Constantin Frantz, *Der Föderalismus als das leitende Prinzip für die soziale, staatliche und internationale Organisation, unter besonderer Bezugnahme auf Deutschland kritisch nachgewiesen und konstruktiv dargestellt* (Mainz 1879), Ndr. u. d. T. : *Deutschland und der Föderalismus*, hg. v. Eugen Stamm (Stuttgart, Berlin 1921), 215 f.; ders., Aufruf zur Begründung einer föderativen Partei, Bll. f. dt. Politik u. dt. Recht NF 1 (1875), 40 f.

[441] Max Seydel, *Commentar zur Verfassungs-Urkunde für das deutsche Reich* (Würzburg 1873), XIV ; Joseph v. Held, *Die Verfassung des Deutschen Reiches vom staatsrechtlichen Standpunkt aus betrachtet. Ein Beitrag zu deren Kritik* (Leipzig 1872), 187 ff.

[442] Preuss, *Gebietskörperschaften* (s. Anm. 248).

[443] Georg Jellinek, *Die Lehre von den Staatenverbindungen* (Wien 1882), 313.

[444] Ebers, *Staatenbund* (s. Anm. 231), 181.

[445] Gerhard Anschütz, *Der deutsche Föderalismus in Vergangenheit, Gegenwart und Zukunft*, Veröff. d. Vereinigung d. Dt. Staatsrechtslehrer 1 (1924), 17.

[446] Le Fur/Posener, Bundesstaat (s. Anm. 231) mit Hinweisen auf die historische Literatur; Heinrich Triepel, *Die Hegemonie. Ein Buch von führenden Staaten* (Stuttgart 1938).

[447] Herman Schmalenbach, *Die soziologische Kategorie des Bundes, Die Dioskuren 1 (1922)*, 35 ff.

448 Walther Kost, *Die bündischen Elemente in der deutschen Gegenwartsideologie* (rechts-
u. staatswiss. Diss. Greifswald 1934), 25. 114. 82 그리고 그 외 다수의 증거. 작가는
Strasser계系에 동조했고 제2의 혁명을 기대했다.

449 Kost, *Bündische Elemente*, 107. 히틀러Hitler에게도 증거는 많지 않은 것으로 보
인다.; vgl. *Reden und Proklamationen 1932-1945*, hg. v. Max Domarus, 2. Aufl.,
Bd. 1/2 (München 1965), 541.

450 Eduard Bernstein, *Völkerbund oder Staatenbund*, 2. Aufl. (Berlin 1919) 15 ff., bes.
15. 17. Vgl. Carl Schmitt, *Die Kernfrage des Völkerbundes* (Berlin 1926), 16.

451 Carl J. Friedrich, *Trends of Federalism in Theory and Practice* (New York, Washington,
London 1968), 82 ff.

찾아보기

용어

코젤렉의
개념사 사전 15
아나키/아나키즘/아나키스트

Anarchie/
Anarchis
mus/
Anarchist

코젤렉의 개념사 사전 18 — 동맹

- ⊙ 2021년 1월 20일 초판 1쇄 인쇄
- ⊙ 2021년 1월 27일 초판 1쇄 발행
- ⊙ 글쓴이   라인하르트 코젤렉
- ⊙ 엮은이   라인하르트 코젤렉·오토 브루너·베르너 콘체
- ⊙ 기   획   한림대학교 한림과학원
- ⊙ 옮긴이   엄현아
- ⊙ 발행인   박혜숙
- ⊙ 책임편집   김 진
- ⊙ 펴낸곳   도서출판 푸른역사
   서울시 종로구 자하문로8길 13 (우 03044)
   전화: 02)720-8921(편집부) 02)720-8920(영업부)
   팩스: 02)720-9887
   전자우편: 2013history@naver.com
   등록: 1997년 2월 14일 제13-483호
- ⓒ 한림대학교 한림과학원, 2021

ISBN   979-11-5612-187-9 94900
세트   979-11-5612-184-8 94900